仲道雅輝・山下由美子・湯川治敏・小松川 浩 編
Masaki Nakamichi, Yumiko Yamashita, Harutoshi Yukawa & Hiroshi Komatsugawa

大学初年次における日本語教育の実践

大学における学習支援への挑戦3

Building a System of Developmental Education at Universities and Colleges in Japan 3

ナカニシヤ出版

はじめに
大学連携による共通基盤教育内容の整備と成果

　国公私立・文理問わず，幅広い教養（知識）を活用して社会の多様な問題を解決する力（学士力）の養成は，社会の強い要請として，大学共通のテーマとなっている。特に大学のユニバーサル化の流れのなかでは，基本的な知識やスキルをきちんと習得させたうえで能動的な学びを引き出す教育プログラムの展開が求められる。一方で，学士力の基礎に関する共通基盤的な教育内容の整備や教育方法の構築は個々の大学で個別に行われているのが実情といえる。これに対し，大学 e ラーニング協議会では，共通基盤教育教材や e ラーニングを活用した効果的な教育方法の共有を図り，互いに教育の質向上を図る取り組みを進め，2012（平成 24）年度採択の文部科学省の大学改革推進事業（大学間連携共同教育推進事業）につながった。この取り組みでは，国立・私立，理系・文系，学部・短大が協力して，英語・数学・日本語・情報などの共通基盤的な教育内容に関するモデルシラバス・教材・到達度テストを ICT 活用で共有し，かつ大学間で教育方法を共有しながら質の高い教育プログラムを展開するものであった。参加大学は，協議会加盟の 8 大学（千歳科学技術大学，北星学園大学，桜の聖母短期大学，創価大学，山梨大学，愛知大学，愛媛大学，佐賀大学）で，日頃から教育内容を学会レベルで検討する実践研究者を中心に幹事団を構成して，各大学での全学的な取り組みへと広げていった。今回執筆の多くの先生方は，こうした有志が中心である。一連の取り組み成果として，国立私立・文理といった多面的なグループ化のなかで，英語・数学・日本語・情報に関する学士力のベース部分に関する到達度テストと関連する自学自習用の e ラーニング教材の整備を図った。到達度テストは，大学入学段階で必要な知識レベルと，専門基礎に近い部分までの到達度を設定し，各到達度テストに呼応する形で，到達のための学修教材（e ラーニング）を整備した。こうして整備した教材はさまざまな形で活用される事例創出に結実している。たとえば，千歳科学技術大学や山梨大学では，入学後のプレースメントテストを受けた学生自らに学修の振り返りと自らの学びの計画を立てさせ，e ラーニングを通じた学修を促す取り組みで成果を上げている。また，愛知大学では，初年次を中心としたアクティブ・ラーニングでの反転学習向けに e ラーニングを活用する事例で成果を上げている。桜の聖母短期大学では，資格対策と連動させて，2 年間の学びとキャリア教育を結びつけた学習プログラムで成果を

上げている．愛媛大学では，高大の接続を意識した取り組みとして，附属高校での教材活用と大学での学びの展開を通じて成果を上げている．こうした一連の取り組みを通じて，同じ教材（共通基盤）であっても，各大学の特色ある教育方法を通じて，多様な効果的な教育プログラムが展開されていることに，たいへん興味深いものを感じる．

　今回の書籍では，大学連携のなかの日本語の取り組み成果を中心に日頃の先生方の教育成果をとりまとめている．日本語は，理系・文系に関係なく，語学の運用能力の観点で，社会に対して大学での教育の質を保証する上で極めて重要な位置づけにある．本連携事業は，語彙・文法・敬語から短文読解までの幅広い知識・技能を網羅する教材の整備と，文理問わず利用を促す到達度テストの整備を行っている．本書を通じて，多くの読者にとって，連携事業の成果が有効に活用されることを期待している．

2018 年 1 月

小松川 浩

目　　次

はじめに：大学連携による共通基盤教育内容の整備と成果　　*i*

01　初年次日本語教育の意義 ─────────── *1*
小松川 浩・山下由美子・仲道雅輝・湯川治敏
1　日本語教育の意義　*1*
2　日本語 e ラーニングの構成と特徴　*3*
3　開発した教材・テストの活用方法　*7*
4　各大学の実践事例の概説　*8*

02　愛媛大学の事例 ─────────────── *11*
e ラーニングを活用した日本語リテラシー教育
愛媛大学日本語リテラシー入門チーム会
1　はじめに　*11*
2　愛媛大学における日本語リテラシー教育の実践　*14*
3　まとめ　*19*

03　山梨大学の事例 ─────────────── *21*
初年次日本語教育の取り組み
仲本康一郎
1　概　　要　*21*
2　日本語教育の取り組み　*23*
3　まとめ　*28*

04　佐賀大学の事例 ─────────────── *29*
コミュニケーション能力向上を目指して
早瀬郁子・穂屋下 茂
1　はじめに　*29*
2　主体的学習　*30*
3　到達度テスト　*31*
4　主体的学習，到達度テスト受験後のアンケート　*33*
5　まとめ　*34*

05　桜の聖母短期大学の事例 ―― 37
入学前から卒業年度までの継続した日本語学習体制の構築　　加藤竜哉

1　はじめに　37
2　取り組み内容　38
3　おわりに　44

06　愛知大学の事例 ―― 45
中﨑温子・湯川治敏

1　愛知大学地域政策学部における本事業の位置づけ　45
2　入学前の取り組み　46
3　eラーニングを活用した「反転＋協同」学習（2015年度より実施）　47
4　「反転授業」による知識の定着の成果　48
5　知識の統合と活用の成果（教師役活動）　49
6　ピア・レスポンスによる知識の外化の成果　50
7　eラーニング教材活用における「自律学習」の結果　51
8　さらなる自律学習を推し進めるために：
　　日本語検定（生涯学習）とのタイアップ　52
9　eポートフォリオを利用した学習計画の立案とグループ内での振り返り　53

07　北星学園大学の事例 ―― 55
レポート作成技能に焦点をあてた全学共通文章表現科目の取り組み　　松浦年男

1　北星学園大学「日本語表現」の概要と運営体制　55
2　全学共通科目としての運営上の特色　58
3　今後の課題と展望　60

08　創価大学の事例 ―― 63
レポート指導科目必修化への道のりと苦手意識克服を目指した書く力育成の取り組み　　山下由美子

1　はじめに　63
2　「文章表現法」の設置　64
3　WGの取り組み経緯　64
4　初年次教育としての指導法の工夫　68
5　成果と今後への期待　69

目　次　v

09　千歳科学技術大学の事例 ── 71
共通基盤教育システムを通じた日本語教材の利用事例　　　　　山川広人

1　はじめに　*71*
2　取り組み内容　*72*
3　おわりに　*76*

10　日本語プレイスメントテストの実施方法と現状分析 ── 79
実施時間と出題順が解答率と正答率に及ぼす影響　　　仲道雅輝・都築和宏

1　はじめに　*79*
2　「日本語リテラシー入門」プレイスメントテスト：実施方法と現状分析　*80*
3　まとめ　*83*

11　これからの初年次日本語教育 ── 85
松浦年男・山下由美子

1　「まとめる力」の問題から「語彙力」の問題へ　*85*
2　これからの日本語教育とは　*86*

あとがき　*89*

事項索引　*91*
人名索引　*92*

01 初年次日本語教育の意義

小松川 浩・山下由美子・仲道雅輝・湯川治敏

1 日本語教育の意義

■ 日本語で人生を創り上げる

　日本語は多くの日本人が生涯にわたってつきあっていく言語である。情報の認識，読み取り，蓄積に不可欠な，生活のための言語であり，また，認知，解釈，発信のコミュニケーションのメカニズムに必携の言語でもある。仕事でのパフォーマンス（説明，説得，プレゼンなど）にとっても最も必要な言語であるからして，すなわち，生きていくための言語，豊かな人生を送るための言語，人間関係をつくり上げていくための言語といえる。

　これを否定する人は一人もいないであろう。

■ 読書法が変わっても母語の「読み，書き」は重要。ところが……

　かつての寺子屋では音読が主流であった。子弟は師匠の講釈を聞くことによって知識を得，人生に役立てていった。明治になり，図書館が輸入されてからは黙読が普及し，図書館の多数の書物が，個々の読み手の知識レベルと探求心を押し上げた。そして，現代，急速なICT化によって，何冊でもどこへでも持ち歩くことができる電子書籍が簡単に手に入るようになった。その結果，読書はますます広がりをみせ……とはいかないところが，残念ながら現実であり，この書籍を世に出すゆえんである。

■ 高校生の「不読率」は53.2%

　活字離れの進行が止まらない。一冊も本を読まない「不読率」が高校生で53.2%

を占めている（全国学校図書館協議会・毎日新聞社, 2012）。この理由に挙げられているのは，上位から「本を読まなくても不便はない」「読みたい本がない，何を読んだらいいのか分からない」「勉強や部活が忙しい」「趣味や友人との付き合いが忙しい」「経済的余裕がない」「学校の授業で読書は十分」「成績に関係ない」である（出版文化産業振興財団, 2009）。

■ はたして，大学では「本を読まなくても不便はない」「学校の授業で読書は十分」なのか

大学生にとっては，日本語力は「学士力」の礎である。ある程度の評論を読みこめる語彙量とリテラシーは，大学初年次からの科目で必須だ。また，キャリア教育は，すなわち，ジェネリックスキルの教育，教養教育と等しいといえるだろう。さらにいえば，4年間の集大成である「学士力」と深く関わって，論理的な思考力，批判力，問題発見と解決のための力，自立的に行動する力等々の礎となるのが日本語力にほかならない。

活字離れによって，言葉との「出会い」（インプット）が希薄になり，語彙不足が顕著になってくれば，その表出（アウトプット）もまた減退し，表現力や思考力の低下にそのままつながってしまう。逆に，自律的な読み手であることを高めれば，汎用的な語彙力や待遇表現を含む柔軟で広いコミュニケーションと学びの本質の世界を身につけることができる。

また，表現しないと伝わらない異質の他者と向き合う時代であることから，異文化理解力，多様性への寛容を培うために，言葉に力をもたせる感覚を研ぎ澄ますことはいっそう重要度を増してきているのである。

■ 大学教育の転換と日本語ワーキング・グループの活動

日本における大学教育も2000年代を境に，「教える」から「学ぶ」ことに舵を切った。多様な学生の個々が，学びを能動的・主体的にとらえ「学士力」の充実を測れるカリキュラムを提供することが急務と考えられるようになったのである。このようななかで，「大学間連携共同教育推進事業—学士力養成のための共通基盤システムを活用した主体的学びの促進」（以下，「大学間連携事業」）は，いわゆる「読み，書き，算盤」であるところの，日本語（読解リテラシー，書くことと話すことの表現力）・数学（数的思考力）に現代の英語・情報を加えた基盤科目のeラーニングなどのLMS（Learning Management System：学習管理システム）を効果的に機

能させることなどを主軸とする多層的な5年間のプロジェクトを，2012年度より提起していくことになる。日本語関係者も，WG（ワーキング・グループ）を結成し，八つの大学が同一プラットホームのなかで，学生の置かれている状況を踏まえ，それぞれの大学の実践を持ち寄り，発展的に方策を交換しあう作業を開始した。これより，その一翼を担った日本語ワーキング・グループの活動について本書で紹介し，読者のみなさんの批判を糧としたい。

2　日本語 e ラーニングの構成と特徴

　日本語 e ラーニングは，2012年度前期の段階ですでに愛知大学と千歳科学技術大学とによって，コンテンツのおおよそが作成されシステム化されていた。大学間連携共同教育推進事業（以下，大学間連携）の日本語ワーキンググループ（以下，日本語 WG）の初発の作業は，一連の日本語 e ラーニングの確認からであった。

■ 日本語 e ラーニングの構成（7分野）

　日本語 e ラーニングは，日本語（国語）力を測る種々の検定試験を研究したうえで，日本語の基礎体力に必要な4分類7分野が汎用的な範囲で網羅されている。「漢字」分類（「漢字書き」「漢字読み」「四字熟語」），「語彙と意味」分類（「語義」「ことわざ・成句」），「表現法」分類（「表記・文法・敬語」），「読解」分類（「短文読解」）である（WGでは，「読解」分類のなかにさらに「図表問題」「長文読解」も取り入れていくことの確認をした）。7分野のいずれも，知識を断片的に問う形式ではなく，文，または，場面や対話を設計している。

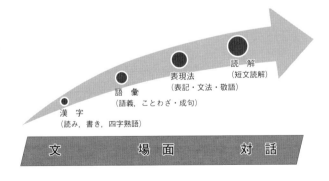

図1-1　日本語 e ラーニングの構成

表1-1　各分野のレベル別詳細

	レベル1				→					レベル10
漢字読み	訓読み	音読み	一般	一般	一般	一般	一般	生活・経済用語	社会・政治法律	熟語・慣用句
漢字書き	一般	一般	一般	一般・同音異字	一般・同音異字	同訓異字	同音意義語	同音意義語	略語	3文字5文字熟語
四字熟語	数字関連	数字関連	心身語彙関連	心身語彙関連	同文字関連	一般	一般	相対関係	一般	一般
語義	主要品詞一般	主要品詞一般	主要品詞一般	主要品詞一般	主要品詞一般	名詞	動詞	類義語	接頭辞	類義語
ことわざ・成句	ことわざ一般・身体成句	ことわざ一般・身体成句	ことわざ一般・身体成句	ことわざ一般・身体成句	ことわざ一般・身体成句	ことわざ一般・色彩成句	ことわざ一般・動物成句	ことわざ一般・動物成句	ことわざ一般成句	ことわざ一般成句
表記文法敬語	カナ四つ仮名	助詞数字表記長音表記	数字関連表現	送り仮名	授受表現	授受受身使役可能	受身使役可能敬意	敬意表現	敬意表現手紙文	敬意表現超級

「短文読解」は、エッセイ、歴史、環境、社会、法律、教育、スポーツ、文学、図表、英語や計算問題など多様な題材を取り込んでいる

表1-1は、各分野の詳細である。レベルが高くなるにつれて難易度も高くなっているが、その一方で、それぞれの分野の多くのレベルで、テーマ別に整理し配置するよう配慮した。「短文読解」を含む7分野は、それぞれ10レベルあり、各レベル20問ずつ、総計1,400問を置く。これらはたびたび手を入れ補強を重ねている。加えて、「日本語検定」ともタイアップし、検定問題を基に作成した360問を加え、「日本語検定」への挑戦、つまりは、日本語力の資格に挑戦する生涯にわたっての一つの道筋も立てた。

■日本語eラーニングの特徴

eラーニングは、PCでもスマホでも学習できるため、IT時代の学生にはとりわけ「場所と時間を選ばない教材」として「新鮮さ、自由さ、手軽さ、個人差への対応性、振り返りや繰り返し性」などの学習メリットが実感できるツールである。ただ、選択肢を問う問題がほとんどであるゆえ、易きに通じないことを旨とした。低いレベルにも多少歯ごたえのあるものを入れ、それらを収穫物としてインプットさせ次に進ませるようにした。さらに、「テキスト」を分野ごと（文法分野はレベルごと）に配置し、難しめの問題には個別に「解説」をつけている。

変化に富み、複雑な社会における人間関係構築のスキルを培うために、次の諸点を特徴として作成している。

(1) 単語の認知テストではなく，自然な文や文脈から語の適切性を判断することによって運用に役立つよう留意した。

(例題1) 私の知識なんてしょせん（　）ですよ。
　　　　（レベル4「語義」）
1　一夜限り
2　焼けぼっくい
3　付け焼き刃
4　一時しのぎ

(例題2)「そんな重大な事態なのですか」
「はい。ですから，まだ公表できません。何とか（　）を切り通して下さい」（レベル6「ことわざ・成句：色彩成句」）
1　白
2　灰
3　赤
4　紅

(2)「解説」（☞次ページ下）を読むことによって知識のいっそうの広がりを企図した。

(例題3)（　）「ペンキ塗りたて」のベンチに座ってしまった。（レベル3「語義」）
1　ふと
2　とうとう
3　あわや
4　うっかり

(3)「テーマ別」配置によってインプットしやすくした。

(例題4)（外来略語）IAEAの役割は今後ますます重要になるだろう。（レベル9「漢字書き」）
1　情報管理機関
2　産業発展機関
3　国際原子力機関
4　インフラ整備機関
5　国際学術教育機関

(4) 飽きのこない多様な設問パターンを心がけた。

(例題5) 次の文章を読んで，(6)～(10)に答えてください。（レベル3「短文読解」）
花があればそこには草がある。（ a ），日本の「草」は主として　①　（雑草）の意味で，イメージが悪い。繁殖力が強く雑草が多いからだ。これに対して，英語の　②　は良いイメージを持つことが多い。柔らかい草が多く，雑草はあまりはびこらないからだ。（ b ），イギリス南西部の牧草地は，数十センチも掘れば石灰だという。野菜はほとんどとれない。放牧場となり，刈り込めば　③　（芝生）になる。（ c ），Green grass grows after rain. の表現は，　④　が繰り返されるので，子音連結の練習には最適だ。

(6)（ a ）に入る接続詞はどれでしょう。
　1　しかし　　　2　なお　　　3　また　　　4　そこで
(7)（ b ）に入る接続詞はどれでしょう。
　1　しかし　　　2　なお　　　3　また　　　4　そこで
(8)（ c ）に入る接続詞はどれでしょう。
　1　しかし　　　2　なお　　　3　また　　　4　そこで
(9) 下線部①～④に入る英語の組み合わせは次のどれでしょう。
　1　①weed　　②gr　　　③lawn　　④grass
　2　①grass　　②lawn　　③weed　　④gr
　3　①weed　　②grass　　③lawn　　④gr
　4　①grass　　②weed　　③lawn　　④gr
(10) 二重線の漢字「音」の読み方はどれと等しいですか。
　1　本音　　　2　母音　　　3　音韻　　　4　物音

■進度表

中等教育までの内容確認に始まり，キャリア支援から卒業後をも展望するために，以下のように学習を進めるのが望ましいと考えられる。

表1-2　進度表

	入学時までに到達しているのが望ましい	1年次前期学習目標	1年次後期学習目標	3年次終了までの学習目標
漢字読み	常用漢字の「訓読み」「音読み」ができる [レベル1-3]	「熟語訓」を含めて漢字検定2級程度の漢字が読める [レベル4-6]	漢字検定準1級程度の漢字をある程度読める [レベル7]	漢字検定準1級，かつ，ある程度専門的な用語の漢字が読める [レベル8-10]
漢字書き	教育漢字が書ける [レベル1-3]	常用漢字が書ける [レベル4・5]	漢字検定2級程度の漢字が書ける [レベル6・7]	漢字検定準1級程度，かつ，新聞に載っている程度の漢字が書ける [レベル8-10]
四字熟語	数字を用いた四字熟語を理解し使える [レベル1・2]	心身語彙関連の四字熟語をある程度理解し書ける [レベル3・4]	四字熟語の意味をある程度理解し，漢字で書ける [レベル5-7]	四字熟語の意味を理解し，用いたり漢字で書いたりできる [レベル8-10]
語義	ジュニア版レベルの書籍の語彙を理解し使える [レベル1-3]	日本語検定3級程度の語を文脈から理解し使用できる [レベル4・5]	日本語検定2級程度の語の意味を文脈から理解し，使用できる [レベル6・7]	日本語検定1級に近い程度の語の意味を文脈から理解できる [レベル8-10]
ことわざ・成句	基本的な身体関連の成句・ことわざを理解できる [レベル1-3]	身体関連の成句・ことわざをほとんど理解し使い分ける [レベル4・5]	色彩や動物関連の成句・ことわざを理解し，使い分けられる [レベル6・7]	難解な成句・ことわざを理解し，文脈に応じて適切に使い分けられる [レベル8-10]
文法	「送り仮名の付け方」「現代仮名遣い」がわかる [レベル1-4]	文法（授受表現）を理解し，正確につかえる [レベル5・6]	文法（受身・可能・使役）をある程度理解し，使い分けられる [レベル7]	手紙文を含む敬語の働きを理解し，文脈に応じて適切に使い分けられる [レベル8-10]
短文読解	情報を整理しながら，簡単な短文が読める [レベル1-3]	情報を整理しながら，一定レベルの短文が読める [レベル4・5]	既有知識と照らし合わせながら，短文を読むことができる [レベル6・7]	明示されていない含意を理解しながら，短文を読むことができる [レベル8-10]

〈例題解説：■日本語eラーニングの特徴〉：前ページの例題（1）–（4）の解説（短文読解には解説は付けていない）。

問題	解説
(例題1)	2は，焼けて焦げた杭。「焼け木杭に火が付く」(一度縁が切れたものが元の関係に戻ること)。4の「一時しのぎ」は「その場だけ取り繕う行動」の意味。
(例題2)	「白（しら）を切る」＝知っているのに知らないふりをする。しらばっくれる。
(例題3)	「ふと」「うっかり」「つい」など用法が似ている。ふと＝ by chance, accidentally は，「そのように考えたこともないのになぜかしてしまった」。例えば「PCに夢中になっていて，ふと気づくと夜中になっていた」。うっかり＝ carelessly は，「不注意で何かしてしまった習慣的ではない失敗」に。つい＝ by habit, without thinking は，「しないのがいいことを我慢できずにしてしまったり習慣や癖のように出てしまったりする」ことに。例えば，「本を読み出すとつい夜更かししてしまう」。
(例題4)	International Atomic Energy Agency のこと。

3 開発した教材・テストの活用方法

　近年，レポートの書き方をはじめとする文章表現指導や，プレゼンなど話すことも含めた表現力育成を目指した授業を取り入れる大学が増えている。これは，大学のユニバーサル化に伴い多様な学生を受け入れるようになった現状を意味しているといえるだろう。本書では，8大学間共同教育推進事業に携わった各大学におけるさまざまな日本人学生向けの日本語教育の実践事例を紹介している。また，『大学生のための日本語問題集』(山下他, 2017)には，日本語WGで開発した日本語eラーニング教材およびプレイスメントテスト・到達度テストを付録とし連絡のあった方にお送りできるようにしている。ここでは，これら教材・テストの活用方法について紹介する。

　日本語eラーニング教材は，レベル1から10まで段階的にステップアップできるように整備されている。レベル1-3が高校卒業程度，レベル4-7が大学1・2年程度，レベル8-10が大学卒業・社会人程度を想定しており，4分類7分野(本章第2節☞ p.3-4)各20問ずつの問題を解いていくことで，学生たちの日本語力を客観的に知る手掛かりとなる。

　活用方法の一つ目として，初年次での導入を提案する。初年次では，レベル1からのリメディアル学習として活用できる。まず，プレイスメントテストで，初回授業時における学生の日本語力を把握することができる。レベル1から10を，毎週反転学習として事前学習させ，対面授業で確認をするなど，『大学生のための日本語問題集』をそのままシラバスに組み込むこともできる。最終回の授業で利用できる到達度テストも準備している。

　二つ目として，入学前教育としても活用できる。eラーニングで学習できることから，入学予定者への課題とすることにより，入学後にリメディアル対応をすることなく，より質の高い初年次教育に移行していくことが期待される。

　三つ目として，留学生への日本語教育にも応用できる。『大学生のための日本語問題集』のレベルが，日本語能力試験など，留学生の日本語レベルに対応しているわけではないが，中級レベル以降の学習者には日本語の基礎体力に必要な汎用的な範囲が収録されているため，おおいに有効であると考える。『大学生のための日本語問題集』は，7分野すべてにおいて知識を断片的に問う形式ではなく，文，または，場面や対話を設定している。使用場面が限られており，留学生に習得しにくい「敬語」や「ことわざ・成句」も，例文が場面や対話で構成されているため，実際の

使用場面に結びつきやすい。

　以上，ここでは三つの活用方法を紹介したが，対象は大学生だけに限らず，高校生への導入も，日本語の基礎体力を養うために十分有効である。また，大学3,4年生や社会人であっても汎用的な日本語力を鍛えるための活用ができる。いずれの場合にも，自分の日本語力・日本語運用能力を客観的に把握することで，母語としての日本語を捉えなおし，大学での学びの基礎固めとして活かしてほしい。

4　各大学の実践事例の概説

　18歳人口の減少を背景とした入学生の「ユニバーサル化」に伴い，入学生の基礎学力は多様化し，大学生活や授業への適応困難をはじめとする顕在化した問題に対応すべく初年次教育の拡充が進められてきた。2016年12月に文部科学省高等教育局大学振興課大学改革推進室から出された「平成26年度の大学における教育内容等の改革状況について」[1]によると，日本の初年次教育の実施状況は，全国の国立・公立・私立大学の学部教育全体の96.1%に上ることが明らかにされている。同時に調査された教育内容には「レポート・論文の書き方などの文章作法を身に付けるためのプログラム」が含まれていた。これは日本語教育に該当し，全国の大学の初年次教育内容としては最も多い86.2%が実施していた。このように，初年次教育における日本語教育の重要性は周知の事実であり，各大学が学部教育の基盤として教育方法に工夫を凝らしているところである。

　本章以降では，各大学における日本語教育に関連する九つの事例をもとに，初年次教育の現状をまとめる。

　はじめに国立大学の日本語教育事例として，全学的に導入されているカリキュラムや具体的なeラーニング教材，運用面などを含めた教育実践3事例を取り上げる。eラーニングを活用して少数の日本語専門教員で全学必修化を可能にしたケースとして，愛媛大学（第2章）より「eラーニングを活用した日本語リテラシー教育」の実践事例を紹介する。次に，グローバル化・地域連携・高大接続など大学に求められる機能拡大に対応した全学共通科目の再編に伴う教育科目拡充の視点から，山梨大学（第3章）より「初年次日本語教育の取り組み」を紹介する。また，一部の

---

1) http://www.mext.go.jp/a_menu/koutou/daigaku/04052801/1380019.htm（最終確認：2017年12月20日）．

学科に日本語eラーニング教材を用いた学習方法を試験的に取り入れ，全学的実践に向けた試行段階として成果をまとめた事例として，佐賀大学（第4章）より「コミュニケーション能力向上を目指して―佐賀大学医学部看護学科の実施結果より」を紹介する。次に，短期大学入学前から卒業年度まで「読む」「書く」を中心とした日本語教育を2年間継続し，取り組み期間を入学前から4期に分け，各期の取り組みの成果をまとめた事例として，桜の聖母短期大学（第5章）より「入学前から卒業年度までの継続した日本語学習体制の構築」を紹介する。

　そして，私立大学の事例として，反転学習や科目の運営体制，学内でのワーキング活動から科目の全学必修化につなげた事例や共通基盤教育システムを活用した理工系大学での利用事例など4事例を取り上げる。まず，eラーニングを活用した「反転＋協同」学習の手法を取り入れ，ピア・レスポンスによる知識の外化の成果に着目した，愛知大学（第6章）の「eラーニングを活用した「反転＋協同」学習」を紹介する。次に，科目開講に向けた一連の取り組みを整理し，全学での実施体制から運用面，さらにはFDとしての機能に至るまでのトータルな視点からまとめた事例として，北星学園大学（第7章）より「レポート作成技能に焦点をあてた全学共通文章表現科目の取り組み」を紹介する。また，「書く力」の育成に着目し，レポート指導科目を全学必修化へ導いた事例として，創価大学（第8章）の「レポート指導科目必修化への道のりと苦手意識克服を目指した書く力育成の取り組み」を紹介する。次に，大学eラーニング協議会が提供している学習管理システム（LMS：Learning Management System）を活用して，学生が主体的に学習を行える仕掛けを作り出した事例として，千歳科学技術大学（第9章）より「共通基盤教育システムを通じた日本語教材の利用事例」を紹介する。最後に，日本語運用能力の把握や学ぶ姿勢を確認することを目的として実施しているプレイスメントテストの実施方法確立を目指して，愛媛大学（第10章）が取り組んだ「日本語プレイスメントテストの実施方法と現状分析―実施時間と出題順が解答率と正答率に及ぼす影響」の実践事例を紹介する。

　これらの九つの取り組みは，いずれも初年次教育に日本語教育を取り入れていく過程で，全学的な普及推進，科目運営，体制，実施方法など，高等教育機関の多くが直面する課題に関わる内容といえる。ここで紹介した実践事例が今後の初年次教育における日本語教育の推進と改善への一助となることを期待する。

【引用・参考文献】
出版文化産業振興財団（2009）.「現代人の読書実態調査」〈http://www.jpic.or.jp/press/docs/2009JPIC_research_R.pdf〉
全国学校図書館協議会・毎日新聞社（2012）.「第58回学校読書調査」
山下由美子・中﨑温子・仲道雅輝・湯川治敏・小松川浩［編］（2017）.『大学生のための日本語問題集』ナカニシヤ出版

02 愛媛大学の事例
e ラーニングを活用した日本語リテラシー教育

愛媛大学日本語リテラシー入門チーム会[1]

●愛媛大学の規模（2016年7月現在）	
学　　部	7学部1特別コース（法文学部・教育学部・社会共創学部・理学部・医学部・工学部・農学部・スーパーサイエンス特別コース）
学部学生数	8,305人
教　員　数	953人（附属高等学校を含む）
職　員　数	1,304人
キャンパス数	3（城北キャンパス・樽味キャンパス・重信キャンパス）

1　はじめに

■共通教育における日本語リテラシー教育

　愛媛大学では，大学憲章において，「正課教育，準正課教育，正課外活動を通して，知識や技能を適切に運用する能力，論理的に思考し判断する能力，多様な人とコミュニケーションする能力，自立した個人として生きていく能力，組織や社会の一員として生きていく能力を育成する」と謳っている[2]。この教育目標の実現を目指し

---

1) 愛媛大学日本語リテラシー入門チーム会は，10名程度の科目担当者等で構成されている。
2) 愛媛大学では，「知識や技能を適切に運用する能力」「論理的に思考し判断する能力」「多様な人とコミュニケーションする能力」「自立した個人として生きていく能力」「組織や社会の一員として生きていく能力」の五つの能力を，「学生が卒業時に身につけていることが期待される能力」と定義し，これらを「愛大学生コンピテンシー」と呼んでいる〈https://www.ehime-u.ac.jp/overview/competency/（最終確認：2017年12月20日）〉。

図 2-1　共通教育カリキュラム（教育課程）[3]

て，教育・学生支援機構共通教育センターが中心となり，全学教員の参加による共通教育の授業実施，学生に必要な知の基盤を養うための体系的なカリキュラムづくりなどの共通教育が行われている。

　共通教育のカリキュラム（教育課程）を示すと，図 2-1 のようになる。基盤科目のなかに「日本語リテラシー入門」が入っている。基盤科目は，「大学における学修全般の支えとなる，基盤知識や基礎的能力を身に付けるための科目です。各学部における専門教育の基盤ともなります」[4]とあり，愛媛大学において，日本語リテラシー教育を重要していることがわかる。

---

3) 教育・学生支援機構共通教育センター HP の共通教育カリキュラムを参照した〈http://web.iec.ehime-u.ac.jp/curriculum.html（最終確認：2017 年 12 月 20 日）〉。
4) 教育・学生支援機構共通教育センター HP の共通教育カリキュラムを参照した〈http://web.iec.ehime-u.ac.jp/curriculum2.html（最終確認：2017 年 12 月 20 日）〉。

■日本語リテラシー教育の導入の経緯

愛媛大学における日本語リテラシー教育の現状について触れる前に、日本語リテラシー教育がどのような経緯で導入されるに至ったかについて触れておこう。

日本語リテラシー教育について、早い大学では1980年代より取り組んでいるが、大半の大学は2000年代以降に取り組みはじめている。愛媛大学では、全国的にも比較的早い段階で日本語リテラシー教育の重要性を唱え、1996年に、1年次全学必修の「基礎セミナー」という授業科目（2単位）を開設した。この授業科目の内容は、ノートの取り方やレポートの書き方など日本語リテラシーの基礎的な内容となっている[5]。

法文学部人文学科（昼間主コース・夜間主コース）では、「基礎セミナー」導入の翌年である1997年に、文系学生向けのより高度な日本語リテラシー教育を行うために、2年次必修の専門基礎科目として、文章表現に重点を置く「言語表現Ⅰ」（2単位）と口頭表現に重点を置く「言語表現Ⅱ」（2単位）を開設した[6]。

1996年に開設した「基礎セミナー」は、その後2000年代以降も継続的に開講していたものの、そこで学ぶ内容は基礎的なものであるだけでなく、大学での学び（スタディ・スキルズ）に関する内容も含まれていたため、日本語リテラシー教育に特化した授業科目ではなかった。そのため、さらなる日本語リテラシー教育が行える授業科目が必要ではないかという声が、全学的にあがるようになり、2007年に、共通教育「日本語ラーニング」企画検討委員会が設置され、共通教育における日本語リテラシー教育について検討が行われることとなった。

幾度にもわたる検討によって、日本語リテラシー教育の必要性があらためて確認され、新たに日本語リテラシー教育に特化した授業科目の開設を目指すこととなった。そこで、2009年度～2012年の4年間にわたり、共通教育においてさまざまな試行的な授業が実施された。

5）現在、授業科目名は、「新入生セミナー」に変更となり、さらに1科目（2単位）から、「新入生セミナーA」「新入生セミナーB」の2科目（4単位）に増えている。
6）その後、授業科目名は、「言語表現Ⅰ」を「日本語表現Ⅰ」に、「言語表現Ⅱ」を「日本語表現Ⅱ」に変更している。2016年の大学改組により、2学科から1学科へ変更したことに伴い、人文学科のみで開講していた「日本語表現」（「日本語表現Ⅰ」）を、学部共通の2年次必修の専門基礎科目「日本語表現」として、2017年度より継続することとなった。なお、口頭表現に重点を置く「日本語表現Ⅱ」は他に代替となる授業科目があることから、2017年度以降廃止となる。

これらの試行的授業，また1997年度より実施していた法文学部人文学科の「言語表現」（「日本語表現」）の成果をもとに，2013年度後学期より，共通教育において，1年次全学必修の授業科目「日本語リテラシー入門」（1単位）を開設することとなった。

2 愛媛大学における日本語リテラシー教育の実践

■「日本語リテラシー入門」の開設

2013年度後学期より，共通教育において，1年次全学必修の授業科目「日本語リテラシー入門」（1単位）を開設することとなったが，スムーズに授業を開設することができたわけではない。授業を開設するにあたって，大きな問題が生じていた。試行的授業や法文学部での成果をもとに，授業内容は確定していたが，その授業内容を，どの程度のクラスサイズで，だれがどのように行うのか，クラスサイズ・担当者・開講形態がなかなか決まらなかったのである。

当初，授業科目を開設するにあたり，法文学部での実践や他大学での実践を参考に，1クラス30人〜40人程度のクラスサイズを想定していた。愛媛大学の1学年の学部学生数が約1,900人いるため，50クラス〜60クラス程度を開講することとなる。つまり，50人〜60人程度の担当教員が必要になるわけである。しかし，大幅な教員の増加が難しく，担当できる教員数が明らかに不足していた。

そこで，ICTを活用した授業やカリキュラムの設計支援を行う総合情報メディアセンター教育デザイン室の協力を仰ぎ，授業の再設計を行うこととなった。その結果，限られた教員数で教育の質を落とすことなく，予定していた授業内容を行うことできる授業方法として，対面授業とeラーニング（愛媛大学では，「メディア授業」と呼んでいる）を組み合わせたブレンド型の授業を導入することとなった。

具体的には，開講形態として，全8回の授業を，対面授業4回，eラーニング4回に分け，かつ交互に配置した（表2-1）。

本授業と「社会力入門」という別の共通教育科目が同時間帯開講で，なおかつ受講者が同一であることから，これら2科目での交互開講が可能であった。そこで，1セメスターのなかで，前半期に開講するクラスと後半期に開講するクラスとにわけ，それぞれの期で約950人程度が受講するように配置した（図2-2）。

クラス編成は，学部・学科（課程）が極力同じになるよう考慮して編成を行った。その結果，1クラス70人〜110人程度となった。初年度の2013年度から2015年度

表 2-1 授業形態・概要 (仲道・秋山・清水, 2014)

回	授業形態	概　　要
1	対面授業	オリエンテーション 【第1章】文の長さ・句読点・かかり受けを学ぶ 【第2章】単語・文・段落を学ぶ
2	e-learning	【第1章】・【第2章】の振り返り（ポートフォリオ）
3	対面授業	【第3章】ものごとを正しくとらえる，分かりやすく伝える 【第4章】資料を解釈し，説明する
4	e-laerning	【第3章】・【第4章】の振り返り（ポートフォリオ）
5	対面授業	【第5章】仮説を立て，考えを組み立てる 【第6章】確かな解釈に基づき，主張する
6	e-learning	【第5章】・【第6章】の振り返り（ポートフォリオ）
7	対面授業	【第7章】主張を検討し，批判する
8	e-learning	【第7章】の振り返り（ポートフォリオ） 最終試験及び全体の振り返り

図 2-2　授業イメージ

までの開講クラス数は，表 2-2 の通りである。

　担当教員が，1 セメスターの前半期と後半期を受け持つことで，当初想定していた 50 人〜 60 人ではなく，10 人程度の教員数で授業運営を行うことが可能となった。2014 年度からは開講クラス数が 2 クラス増えているが，2014 年度以降も 10 人程度の教員数で担当している。

■「日本語リテラシー入門」の授業概要

　この授業は，対面授業と e ラーニングを交互に行うブレンド型の授業である。その概要については，表 2-1 で示した通りである。

表 2-2　クラス数

開講年度	前　　半	後　　半	合　　計
2013 年度	昼間主 10 クラス 夜間主 2 クラス	昼間主 10 クラス	昼間主 20 クラス 夜間主 2 クラス
2014 年度	昼間主 11 クラス 夜間主 2 クラス	昼間主 11 クラス	昼間主 22 クラス 夜間主 2 クラス
2015 年度	昼間主 11 クラス 夜間主 2 クラス	昼間主 11 クラス	昼間主 22 クラス 夜間主 2 クラス

　対面授業では，授業用にオリジナルに作成したテキストを用いて，主に新たな事項の提示を行っている。クラス数が多いことから，極力クラス間での差がでないよう，指導マニュアル（指導要領・スライド）を作成し，そのマニュアルに従って授業を行っている。

　e ラーニングでは，主に対面授業で学習した内容の振り返りを行っている。10 日程度の受講期間を設け，すべての課題を Moodle 上で取り組ませている。また，最終試験についても，Moodle 上で指導している。

　授業では，クラスサイズが大きく，また e ラーニングを導入していることから学生の取り組み確認など手間を要する業務が多いということを考慮し，ティーチングアシスタント（TA）・スチューデントアシスタント（SA）を配置し，授業のサポートを行った。開設初年度の 2013 年度は，1 クラスに TA・SA それぞれ一人がついた。2014 年度以降は，2-3 クラスに TA が一人，1 クラスに SA が二人つき，授業のサポートを行っている。TA・SA の適切なサポートによって，円滑な授業運営ができている。

■ 2013 年度から 2015 年度の取り組み成果

　2013 年度に開設した「日本語リテラシー入門」は，これまでおおむね順調に授業運営ができている。これまでの取り組みの成果を検証するために，開設初年度の 2013 年度から 2015 年度まで 3 か年の授業評価アンケートの結果から，特徴的な結果を取り上げてみよう[7]。

　授業を受講する前に，授業に対してどの程度関心があったかについて尋ねた。

---

[7] 2013 年度の回答者数は，1,783 人，2014 年度の回答者数は，1,817 人，2015 年度の回答者数は，1,887 人である。図 2-4・図 2-5・表 2-3 も回答者数は同じである。

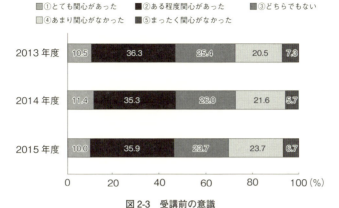

図 2-3　受講前の意識

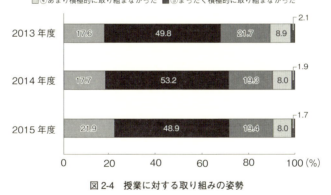

図 2-4　授業に対する取り組みの姿勢

2013年度から2015年度まで3か年の結果を示すと，図2-3のようになる。

3か年とも，同じような結果を示しており，受講前の意識として「授業に関心がある」という回答は，半数以下で，それほど関心が高いわけではないことがわかる。

次に，授業を受講するにあたって，授業に対してどのような姿勢で取り組んだかについて尋ねた。2013年度から2015年度まで3か年の結果を示すと，図2-4のようになる。

3か年とも同じような結果を示しており，7割程度の学生が「授業に積極的に取り組んだ」ことがわかる。

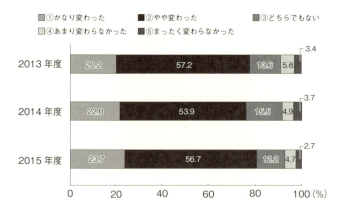

図2-5 日本語表現に対する意識の変化

　さらに，授業を受講することで，日本語表現に対する意識に変化があったかについて尋ねた。2013年度から2015年度まで3か年の結果を示すと，図2-5のようになる。
　3か年とも同じような結果を示しており，8割程度の学生が「授業を受講することによって日本語表現に対する意識に変化があった」ことがわかる。
　図2-3から図2-5までをみると，受講前の意識としては，あまり関心はないものの，授業を受講することで，積極的に取り組むようになり，また日本語表現に対する意識に変化が起きている。これは，「日本語リテラシー入門」を受講することで，学生の意識によい刺激が与えられているということを示唆している。
　授業評価アンケートでは，「日本語リテラシー入門」における以下の三つの到達目標について，10点満点で自己採点をさせている。2013年度から2015年度まで3か年の結果（平均点）を示すと，表2-3のようになる。

（1）さまざまな情報のなかから必要な情報を収集・整理することができる。
（2）自分の考えを筋道立てて組み立て，日本語を用いて適切に表現できる。
（3）日本語で書かれた文章や資料を広い視野と論理的思考に基づき，分析・解釈することができる。

　年度としては「2014年度」，目標としては「目標（3）」がやや低い得点となって

表 2-3 到達目標に対する自己採点（10 点満点）

開講年度	目標 (1)	目標 (2)	目標 (3)	平　均
2013 年度	7.69	7.65	7.57	7.62
2014 年度	7.61	7.53	7.37	7.50
2015 年度	7.78	7.71	7.56	7.68
3 か年平均	7.69	7.63	7.48	7.60

いるものの，年度・目標間でそれほど大きな差はなく，7.4 点～ 7.8 点（小数点第二位を四捨五入）となっている。この結果から，学生自身が，本授業を受講することによって，授業の到達目標に一定程度達したと自覚していることがわかる。

以上の 2013 年度から 2015 年度の 3 か年の授業評価アンケートの結果から，本授業に一定程度の教育的効果があったことがわかる。

3　まとめ

2013 年度に開設した共通教育・基盤科目の「日本語リテラシー入門」は，担当教員数の不足という問題から，e ラーニングを導入することとなった。愛媛大学で初めて e ラーニングを導入した授業科目ということで，取り組みの成果に注目が集まったが，開設初年度の 2013 年度から現在にいたるまで，特に大きな問題もなく，また一定程度の教育的効果をあげることができている[8]。

さらに，2015 年度からは，愛媛大学附属高等学校において，2009 年度より大学教員・高校教員が協働して行っている高大接続プログラム「日本語リテラシー」の取り組みとして，「日本語リテラシー入門」の成果をもとに，高校生たちにも，e ラーニングを導入し，着実に成果をあげている（秋山・仲道ほか，2016）。

日本語リテラシー教育において e ラーニングの活用は進んでいるとはいいがたい。今後，日本語リテラシー教育における e ラーニングの活用を考えるうえで，本章で述べた愛媛大学の取り組みが参考になれば幸甚である。

---

[8] 2016 年度の大学改組により，1 年次全学必修から，1 年次理系学部生必修と変更された。

【引用・参考文献】

秋山英治・仲道雅輝・八木昌生・谷口浩一・松本浩司・三好徹明・光宗宏司 (2016).「eラーニングを活用した日本語リテラシー教育の実践―高大接続に向けて」『リメディアル教育研究』11(1), 64-75.

仲道雅輝・秋山英治・清水　史 (2014).「インストラクショナル・デザイン (ID／教育設計) を活用した対面授業からブレンディッドラーニングへの再設計支援」『大学教育実践ジャーナル』12, 47-54.

03 山梨大学の事例
初年次日本語教育の取り組み

仲本康一郎

●山梨大学の規模	
取り組み実施の学部・学年	教育学部・工学部・生命環境学部・医学部・1年生
学 生 数	4,781人
教 員 数	651人
職 員 数	729人
キャンパス数	2（甲府キャンパス・玉穂キャンパス）

1 概　　要

■ 大学の理念と目標

　山梨大学は1949年，山梨師範学校，同青年師範学校，山梨県立高等学校，山梨工業高等学校の4校を母体に，学芸学部と工学部からなる新制大学としてスタートした。学芸学部は，教員養成と教養ある市民の形成を，工学部は，地域産業の指導者，技術者の養成を目標とした。また2002年には山梨医科大学と統合し，2012年には生命環境学部を新設し，現在4学部で構成されている。

　山梨大学の目標は，「[…] 広い教養と深い専門の知識をもつ人材を養成すること」（山梨大学学則第1条）にあり，設立当初から学術研究や職業教育だけでなく，教養ある市民の形成を目標とするアメリカ型のリベラルアーツを重視してきた[1]。

---

1) 山梨大学は，学生の人間形成を目標に掲げ，正規の課程以外に学生の自治会や体育会，文化サークルといった課外活動にも力を注いできたことがうかがえる（作道・江藤，1975：506）。

現在の山梨大学も，このような当初からの理念を受け継ぎ，幅広い教養教育を展開している。

現在，山梨大学は「地域の中核，世界の人材」をキャッチフレーズに掲げ，地域の要請に応えられる人材，世界を舞台に活躍できる人材の養成を図り，社会に貢献することを目指している[2]。このような高い理想のもと，本学の共通教育は，①人間形成科目，②語学教育科目，③教養教育科目の三つの柱に，④自発的教養科目を加えた4領域で実施されている。

なお，ここでいう自発的教養科目は，「学生の自律的な学習能力，及び実践的な能力を涵養し，リベラルアーツの実践を後押しすることを目的とする」もので[3]，ボランティア活動や地域課題実習など，文部科学省「地（知）の拠点整備事業（COC）―山梨ブランドの食と美しい里づくりに向けた実践的人材の育成」とも連携をもち，学生にとって学びの可能性を拡げるものとなっている。

■ 初年次教育の実現へ向けて

山梨大学の初年次教育は，全学共通教育の人間形成科目に位置づけられており，「リベラルアーツを教育の基として，「大学で学ぶ」とはどういうことかを考え，学ぶための基礎知識と技能の習得を目指します」と謳われている[4]。ただし本学の初年次教育が，最初からこの理念のもとで整備されていたわけではない。ここでは本学の初年次教育が現在の形になるまでの経緯を述べる。

研究志向の教員は総じて初年次教育への関心が薄い。山梨大学でも，なるべく初年次教育や教養教育への関心は薄く，その負担は最小限におさえたいという教員が多い。また山梨大学の学生をみるかぎり，スタディ・スキルや日本語リテラシー科目といった初年次教育を実施する必要性は現時点ではとりたててないという考えも暗黙のうちに存在しているように思われる。

このようななか初年次教育を見直す最初のきっかけとなったのは，大学改組の取り組みの一環として，2008年に全学組織として大学教育センターが，2012年には工学部に理数系科目の支援を目的とした基礎教育センターが，2014年には教養教育センターが新設され，山梨大学でも共通教育を整備，充実させていく機運が生まれた

---

2) 2015年，山梨大学学芸学部の卒業生である大村智氏がノーベル医学・生理学賞を受賞したことは記憶に新しい。
3) 平成28年度山梨大学『学生便覧』，p.56.
4) 平成28年度山梨大学『学生便覧』，p.53.

といえよう。

また，2012年には文部科学省大学間連携共同教育推進事業「学士力養成のための共通基盤システムを活用した主体的学びの推進」に採択され，初年次教育プログラムの提案やeラーニングによる自主学習教材の制作といった活動が開始されたことも大きな要因としてあげられる。これにより大学も初年次教育への取り組みを本格化させていった。

以上の二つが大きな流れとして変革を後押ししたが，山梨大学の場合，加えてこの時期に団塊の世代の教員の退職により，人間形成科目の担当教員が減少し，受講者を十分に収容できるだけの科目数が不足したこともあげられる。これらの問題を改善すべく，全学共通科目委員会では新たに初年次教育を担当する若手教員を呼び込んでいくことになった。

現在，山梨大学の初年次日本語教育は，日本語リテラシーの向上を目的とした「大学生のための言語表現」，情報リテラシーの向上を目的とした「大学生のための情報表現」，さらに8大学連携事業によって開発した「eラーニングを用いた自主学習」，および従来からの「キャリア形成のための作文演習」という四つの日本語関連科目によって支えられている[5]。

2　日本語教育の取り組み

山梨大学の日本語ワーキンググループでは，8大学連携事業における学士力養成に向けた共通基盤教育の一環として，①2014年度より日本語プレイスメントテストの実施，②2015年度より教養教育センターホームページ「日本語リテラシー」の開設，③2016年度からは全学共通教育科目の再編（日本語関連科目の開設），eラーニング教材の提供などを開始している。

以下，それぞれの取り組みについて紹介する。

■日本語プレイスメントテスト

プレイスメントテストは，大学教育の質保証を担保するため，学生の学力と学修観を測定し，入学後の教育と学習に役立てるものである。山梨大学では，入学時の

---

5) 人間形成科目には，その他「人間形成論」「キャリア形成論」「大学生のためのエンプロイヤビリティ」などのキャリア形成を目的とした科目もある。

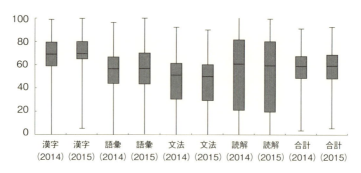

図3-1 日本語プレイスメントテストの領域別正答率（2014年度，2015年度）

ガイダンス時に実施するため，入学者のほぼ全員が受験することになっており，英語，日本語，数学，情報，学修観について，2014年度以降毎年実施している。

　ここでは山梨大学で実施した日本語プレイスメントテストの結果に基づき，学生の日本語力についてみていく。図3-1は，2014年度，2015年度に行った日本語プレイスメントテストの領域別正答率の分布を示したものである（佐藤ほか，2016）。両年度とも，合計得点も含め，各領域の中央値（箱内の線の位置）はほぼ変わっていない。

　まず，全体的傾向として，合計得点に比べて文法領域の中央値が低くなっていることがわかる[6]。また平均正答率でみると，文法領域が45％～48％，読解領域が52％で合計得点率よりも低くなっている。さらにこれらの領域では下限が低く，低得点者も比較的多くなっている。この結果は，山梨大学でも日本語教育を進める必要性があることを示唆するものといえる。

　また読解領域では中央値は合計得点より高くなっていながら，平均点が低くなっている。これは無得点の学生が100名を超えていることによるものである。ただこの点については，プレイスメントテストの実施スケジュールからくる時間不足や，問題ができないのではなく回答を途中で放棄した学生も含まれているためであると考えられる。

　領域ごとの特徴は以上のとおりであるが，全領域にわたって低得点層が存在す

6）文法問題には社会的な場面に応じた言葉の使い分けの問題も多く，高校生では使用の機会が少ないこと，また若者においてその使用に揺れがみられることも原因になっていると考えられる。

ることがわかる。とりわけ読解力については、アカデミックな文章を読むことに問題がない程度に日本語力を高める必要があるだろうし、今回のテストでは測定されていないが、論理的な文章を書くことの練習も必要となる。このような結果に鑑み、山梨大学でも初年次日本語教育をはじめることになった。

■初年次日本語科目

次に、筆者が担当する日本語リテラシー科目「大学生のための言語表現」を紹介する。この科目は、初年次学生が大学で学ぶうえで必要となるアカデミックな日本語能力を開発することを目標とし、2016年に初年次科目（選択必修科目）として新設されたものであり、前期と後期に各20名を対象に行っている。

授業スケジュールは、表3-1のとおりである。主にアカデミックな文章表現能力を向上させることを目標にしており、読解力を重視したeラーニング自主教材と相補的な関連性をもたせている。また全体の授業構成は、「論文、レポートを書く」「パラグラフ構成」「論理的に思考する」「説明の技術」の4部に分けて進めることにした。

第1部「論文、レポートを書く」では、論文とはどういう文章で、どのような目的をもって書かれる文章であるかを知ることが目標となる。この授業では、国語の時間に書いてきた感想文と異なり、論文は明確な問いと、それに対する答え、また

表3-1 初年次科目「大学生のための言語表現」のスケジュール

ガイダンス	①ガイダンス―大学で学ぶ
第1部 論文、レポートを書く	②論文とは何か ③文章を構成する ④表記と文体
第2部 パラグラフ構成	⑤課題と目的 ⑥定義と分類 ⑦対比と比較
第3部 論理的に思考する	⑧原因と結果 ⑨同意と反論 ⑩帰結と結論
第4部 説明の技術	⑪「読む」技術 ⑫「聴く」技術：ノートテイキング ⑬説得の方法 ⑭情報倫理と著作権
総括評価・まとめ	

それらを支える根拠となるデータやその解釈が必要となるといったことを自覚することからはじめていく。

第2部「パラグラフ構成」では，序論，本論，結論をまとめていくうえで必要となるパラグラフ・ライティングの練習をする。レポートや論文では，課題と目的を明確にする，概念の定義と分類を示す，現象の比較，対照を行うといった多様な考察が必要となる。この授業では，これらの思考のテクニックを学び，文章化していく練習をする。

第3部「論理的に思考する」では，論理的に考えるとはどのようなことかを学び，それらを具体的に実践する。従来までの学校教育では，論理的思考を意識的に実践する機会は少なく，国語の授業でも言語技術としてトレーニングする機会はほとんどなかった（三森, 2013）。ここでは演繹と帰納，因果推論，議論モデルといった手法を応用してその実践を試みる。

第4部「説明の技術」では，さまざまな説得の方法として弁論術やレトリックを用いた議論を実践する。これらは本来，相手をいかに説得するかという問題意識から生まれた言語技術であり，レポートや論文などではこれまであまり重視されることはなかった。しかし，実際には読み手の関心をどう喚起するかなど，論文を書くうえでも有益であり，授業でも取りあげることにした。

「大学生のための言語表現」では文章を書くことに主眼を置いているが，論文を書くためには，多くの文献を読みこみ，また講義や講演を聴くことによって情報を得ていく必要もある。そこでこの授業の最後では，基礎的なノートテイキングの技術やリーディングのテクニックについて解説し，加えて現代社会で必要とされる情報倫理と著作権について学習することにした。

■ホームページ「日本語リテラシー」

最後に，教養教育センターに開設したホームページ「日本語リテラシー」を紹介する。このページでは，大学というアカデミックな世界で生きていくために身につけておくべき日本語の能力を「日本語リテラシー」と呼び，その向上へ向けて本学で利用できる学習リソースとして表3-2のようなカテゴリーを設け，学生の主体的な学びを促している。

ホームページの冒頭には日本語リテラシーの重要性を次のように示した。

表 3-2　ホームページ「日本語リテラシー」の構成

カテゴリー	内　容
日本語 e ラーニング教材	初年次教育科目の紹介 日本語 e ラーニング教材の解説
日本語リテラシー学習支援	附属図書館ライティング・サポートの紹介 大学生協「読書マラソン」の紹介
論文を書く人，発表をする人のために	レポートやプレゼンテーションのガイドとなる書籍の紹介

> 日本語リテラシーとは，大学生の皆さんが大学というアカデミックな世界で生きていくために身につけておくべき日本語のコミュニケーション能力です。大学ではゼミや研究会の発表，レポートや論文作成といった，高校までとは異なる主体的な学びが求められます。日本語リテラシーは，そういった大学での学びを支える基礎となるコミュニケーション能力です[7]。

　本学で活用できるおもな学習リソースは，①初年次教育科目，②日本語 e ラーニング自主教材，③附属図書館におけるライティング・サポートなどである。ライティング・サポートとは，本学の院生を中心としたグループが学生のレポート作成やプレゼンテーションの準備を支援するために平日の午前，午後に図書館に常駐しているものである。

　さらに，大学生に読書習慣をつけてもらうねらいで，大学生協で実施している「読書マラソン」を紹介した。日本語の語彙力や読解力を高める最善の方法は有意味学習にあり，適切な状況に埋め込まれた文脈においてこそ，無意識であるが確実に言語力が身についていくとされる（猪原, 2016）。その意味でも山梨大学の学生には読書の習慣をつけてほしいとの願いでこの欄を設けた。

　最後に，学生の便宜を考え，レポートやプレゼンテーションのガイドとなる書籍を紹介した。これらの書籍に関しては，日本語リテラシー関連の授業でも紹介し，図書館でも今後コーナーを設けていただくようにと考えている。学生にはアカデミックなコミュニケーション能力の向上に主体的に取り組むきっかけにしてほしいと願っている。

7）国立大学法人山梨大学教養教育センター「日本語リテラシー」〈http://www.cla.yamanashi.ac.jp/modules/about/index.php?content_id=5（最終確認：2017 年 12 月 20 日）〉

3　まとめ

　山梨大学では，グローバル化，地域連携，高大接続など，大学を取り巻く現代の潮流に鑑み，2016年度から初年次教育を中心に，全学共通教育科目を再編していくことを決定した。初年次教育とキャリア形成を掲げる人間形成科目部会では，現在のキャリア教育に偏重した科目構成を見直し，新たに初年次教育科目を拡充していく方向で進めることになった。

　本章では，そのなかでも日本語教育の取り組みについてその概略を紹介した。これらの取り組みが他大学において少しでも参考になれば望外の喜びである。ただ，当然のことながら山梨大学の日本語教育は緒についたばかりである。今後，他の共通教育，専門教育といかに連携していくか，eラーニング自主学習教材とどう連動させていくかなどの課題が残されている。

[付　記]
日本語プレイスメントテストの結果と分析では，山梨大学大学教育センターの日永龍彦氏に全面的にお世話になりました。ここに記して感謝申し上げます。

【引用・参考文献】
猪原敬介（2016）．『読書と言語能力─言葉の「用法」がもたらす学習効果』京都大学学術出版会
作道好男・江藤武人［編］（1975）．『山梨大学工学部五十年史』財界評論新社教育調査会校史編纂室
佐藤眞久・滝口晴生・小俣昌樹・仲本康一郎・吉川雅修・宮原大樹・日永龍彦（2016）．「入学時プレイスメントテスト結果の分析と初年次教育の取り組み」『リメディアル教育研究』11(1), 50-58.
三森ゆりか（2013）．『大学生・社会人のための言語技術トレーニング』大修館書店

04 佐賀大学の事例
コミュニケーション能力向上を目指して：
佐賀大学医学部看護学科の実施結果より

早瀬郁子・穂屋下 茂

●佐賀大学の規模（2016年7月現在）	
学　　部	6学部（教育学部・芸術地域デザイン学部・経済学部・医学部・理工学部・農学部）
学部学生数	8,305人
教 員 数	953人
職 員 数	1,304人
キャンパス数	2（本庄キャンパス・鍋島キャンパス）

1　はじめに

　近年，学力低下やコミュニケーション能力の欠如が問題視されているなかで，文部科学省の学習指導要領でも「生きる力」をはぐくむという基本的理念のもと，高校までの学習のなかで，基礎的・基本的な知識・技能の確実な定着と，これらを活用する力を育成することの重要性が述べられるようになった。国語力はその知的活動（論理や思考）やコミュニケーション能力を伸ばす基盤であるとしている。佐賀大学においても，求められる学士力のなかの「基礎的な知識と技能」の一つとして，「日本語による文書と会話で他者の意思を的確に理解し，自らの意思を表現し，他者の理解を得ることができる」ことを挙げている[1]。
　しかし，リメディアル教育学会のアンケート調査（2012）や，小野（2007）が実施したプレイスメントテスト結果からも，年々大学生の日本語力が低下し，大学で

1）佐賀大学学士力〈https://www.saga-u.ac.jp/koho/2010gakushiryoku.htm（最終確認：2017年12月20日）

の専門知識を学ぶための論理的思考を支える力が足りない現状がうかがえる。また，馬場（2011）が指摘しているように，これまでの「国語」ではなく，客観的な視点で学習言語として学ぶこと，また，他者とのコミュニケーションのための言語力をつけるという意義で「日本語力」育成の必要性は高くなってきている。

そこで，佐賀大学では全学的に実践する前に，将来の仕事場においても在学時の実習でも患者や医者らとのコミュニケーション力が必要不可欠である医学部看護学科の学生のコミュニケーションの講義に，2014年度の入学生から，日本語eラーニング教材を用いた学習方法を取り入れて効果をみることにした。2016年度には，eラーニング教材学習終了後に日本語能力を測るために到達度テストも行った。

2　主体的学習

佐賀大学では，eラーニングを実施するためのLMS（学習管理システム）としてMoodleを利用しているので，eラーニングによる日本語の学習もMoodle上で行えるようにした。eラーニングによる日本語教材は，8大学が連携して行った文部科学省の大学間連携共同教育推進事業「学士力養成のための共通基盤システムを活用した主体的学びの促進」（文部科学省，2012）の日本語WGで整備された教材である（第1章第3節参照）。

このeラーニングによる日本語学習は，看護学科1年次の看護専門科目「基礎的看護技術Ⅱ（コミュニケーション）」の一環として行うようにした。ただし，授業時は，コミュニケーション論などの講義とロールプレイなどの実践でほとんど余分な時間がないので，日本語eラーニング教材のなかから「表現法（表記・文法・敬語）」分野を選択し，授業時間外の課題として学習するように義務づけた。すなわち，eラーニングによる日本語学習は，授業時間外に主体的に学習しなければならない。

LMSにおいて，10段階のレベルの問題は，完全に満点をとるまで繰り返さなくてはならないように設定した。各レベルは20問で構成されている。LMSで教員は学生全員の学習履歴や進捗状況を調べることができる。2016年度のレベル別受験回数を図4-1に示す。

レベル1-4は「カタカナひらがな表記・数値関連表現・送り仮名表記」で，基本的な表記事項の学習であったので，一度で満点をとる学生も多く，比較的少ない回数で終わっている。しかし，レベル5の授受表現から一度で終了する学生がほとんどいなくなり，受験回数の増加が目立つ。レベル6の可能・受身・使役表現では，

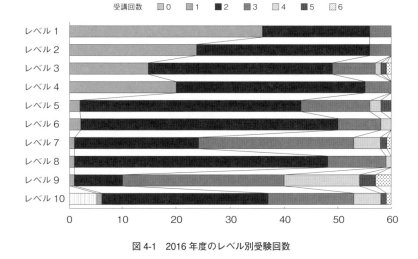

図 4-1　2016 年度のレベル別受験回数

学生の初回の得点が，6 割〜9 割と幅があり，解答時間も 1 分〜10 分と拡がっている。レベル 7 からの敬意表現からは，3 回，4 回と受験回数の増加が顕著で，さらに初回の得点が低くなっている。敬語は小学校 5 年の教科書に初めて登場し，中学・高校と断続的に学習しているものの，実際の社会生活で使用する場面が減少し，対話的コミュニケーションに苦慮していることがわかる。前年度の実施結果でも，ほぼ同様の結果を得た。

3　到達度テスト

到達度テストは，日本語 e ラーニング教材のすべての分野を網羅して作成されたものである。大学間連携共同教育推進事業でテストを作成している 8 大学で，多くの学部・学科などで試行を重ねながら，適切に日本語力が測定できる到達度テストの開発を進めている。

到達度テストの内容は「漢字分野（漢字の読みと書き，四字熟語）」「語彙分野（語義・ことわざ・成句）」「文法・敬語分野（受身・使役・可能，敬語）」「読解分野（短文読解・長文読解・図表読解）」の 4 分野に分かれ，全 100 問である。受験時間は 30 分である。看護学科の学生には，学習した「文法・敬語分野」と未学習分野との比較を試みることと，他学部の学生との比較をすることによって学習の効果を検

表 4-1　2016 年度の実施状況

	佐賀大学（全 100 問版）			他大学平均 （全 60 問版）
	看護学科	文　系	理　系	
学 生 数	59 名	11 名	28 名	1,078 名
漢字分野	80%	71%	69%	69%
語彙分野	73%	74%	68%	62%
文法・敬語分野	60%	60%	50%	51%
読解分野	47%	64%	51%	52%

討するために，全問題を受けてもらった。2016 年度の結果を表 4-1 に示す。本学の看護学科，文系の学生，理系の学生の平均値を示す。

　佐賀大学の文系，理系の学生はデジタル表現技術者養成プログラムを履修している学生を対象とした。日本語 e ラーニング教材の「表現法（表記・文法・敬語）」は，到達度テストにおいては「文法・敬語分野」に相当する。

　参考比較のため，8 大学間連携事業の約 1,000 人／年の平均値を示す（ただし，こちらは同じような問題であるが，受験時間を 20 分用に短縮した全 60 問で構成されたものである）。他大学においては，プレイスメントテストの後，日本語 e ラーニング教材で自主的に学習させている大学もあれば（第 3 章，第 6 章，第 9 章他参照），別に「日本語リテラシー教材」を作成して授業でも学習させている大学もあり（第 2 章参照），またほとんど学習をさせていない大学もあり，教材利用はさまざまである。

　e ラーニングを主体的に学習した看護学科の学生のテスト結果をみてみると，漢字や語彙といった基礎的分野の得点が高いのに比べ，応用力が必要な読解分野の得点が低いことがわかる。そのなかで基礎から応用へとつなげる力である「文法・敬語分野」の得点が高いことがわかる。他大学平均と比べても，応用力が必要な読解分野の得点はほぼ同じであるが，漢字分野，語彙分野，文法・敬語分野で高くなっているようにみうけられる。

　今回看護学科の学生に試行した「文法・敬語分野」の学習で，明確にその効果があったといえる状況にはないが，e ラーニング学習の成果が出ているといえる結果ではないだろうか。

4 主体的学習，到達度テスト受験後のアンケート

　2016年度，看護学科学生に行った「日本語eラーニング教材」についてのアンケート結果を図4-2に示す。日本語学習の必要性については多くの学生がこの学習を機に実感し，その後の学習意欲にもつながっている。また，学習効果も半分以上が評価している。ただ，全200問の問題数は多いと感じた学生が多く，授業時間以外の学習であったので，負担は感じていたようだ。

　eラーニング学習のよさ・問題点についてまとめたものを表4-2に示す。「いつでも」「どこでも」できるし，自分のペースでできるなど，eラーニングの特徴を捉えた回答が多かった。現在，Moodleはスマートフォンにも対応しているので，スマートフォンを利用して回答した学生が多かった。まさに，eラーニングによる学習は「いつでも」「どこでも」可能になってきている。

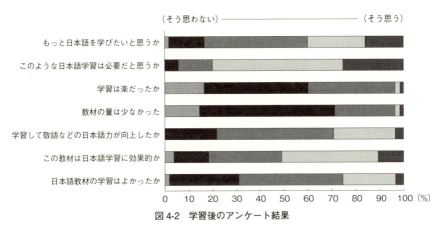

図4-2　学習後のアンケート結果

表4-2　eラーニング学習はどうでしたか

項　目	人　数	％
好きな時間にできるのでいい	33	60
何度も挑戦できるのでいい	29	53
成績がすぐにわかるのがいい	23	42
自分のペースでできるのでいい	33	60
スマホでも受講できたのがよかった	16	29
分からないときに質問できない	17	31
もう少し，解説を充実してほしい	14	25

今回用いた日本語eラーニング教材（LMS，eラーニング教材，メンターによる支援体制など）については，「わからないときに質問できない」「もう少し解説を充実した方がよい」と改善を求める声も聞かれた。

担当教員にeラーニングによる日本語教材学習の必要性を聞いたところ，「コミュニケーション能力は，看護職者にとって身につけるべき専門技能です。幅広い年齢の人々を対象に看護を展開するためにも，敬語を十分に使えるようになることが求められます。本システムは，段階を追って学習できるもので，敬語活用能力の向上に役立ったと考えています」というコメントであった。

5 まとめ

佐賀大学に限らず日本全国の大学において，日本語力を高めるための日本語教育の是非が問われ，入学前教育やプレイスメントテスト，リメディアル教育など，さまざまな試みがなされている。自らの考えを深め，他者とのコミュニケーションを行ううえで必要な言語を運用する能力を高めるため，基礎力を定着させ，さらに専門知識の正確な定義と運用，必要な言語力を学生自らがインプットし，アウトプットできる力を育成しなければならない。

大学における教養教育や専門教育のなかで，日本語教育に時間を割くのは困難な状態である。しかし，インターネットの発達により，eラーニングを利用した自主学習ができる状態になってきている。そこで，患者とコミュニケーションを行う能力が必要となる看護学科の学生にeラーニングによる日本語（文法・敬語分野）を学習してもらいその効果を確認した。

今回のeラーニングによる日本語の主体的学習は受講した学生のアンケート結果や指導教員のコメントおよび到達度テスト結果より，有効性があることがわかった。今後は佐賀大学として組織的に導入する必要がある。

［謝　辞］

本章をまとめるにあたり，看護学科で日本語eラーニング教材による学習を実践して，その結果をご提供いただいた佐賀大学医学部の長家智子教授，坂美奈子氏，LMSの設定や学習履歴データをまとめるのを手伝っていただいた佐賀大学クリエイティブ・ラーニングセンターの久家淳子氏に感謝の意を表す。

【引用・参考文献】

小野　博（2007）.「日本人学生を対象とした日本語・英語教育—リメディアル教育から実力養成教育への展開」（平成 16–18 年度科学研究費報告書）

馬場眞知子・たなかよしこ・小野　博（2011）.「日本人大学生の日本語力の養成について」『リメディアル教育研究』6(1), 3–5.

文部科学省（2012）.「学士力養成のための共通基盤システムを活用した主体的学びの促進」〈http://daigakukan-renkei.jp/b011/（最終確認：2017 年 12 月 20 日）〉

リメディアル教育学会［監修］（2012）.『大学における学習支援への挑戦—リメディアル教育の現状と課題』ナカニシヤ出版

【引用・参考ウェブサイト】

デジタル表現技術者養成プログラム〈http://net.pd.saga-u.ac.jp/digi-pre/（最終確認：2017 年 12 月 20 日）〉

05 桜の聖母短期大学の事例
入学前から卒業年度までの継続した
日本語学習体制の構築

加藤竜哉

●桜の聖母短期大学の規模（2016年7月現在）	
学　　科	2学科（キャリア教養学科，生活科学科）
学部学生数	320人
教 員 数	44人
職 員 数	28人
キャンパス数	1

1　はじめに

　短期大学（以下，短大と略記）の学修期間は2年と短い。それゆえ，充実した短大生活と学問としての学び舎，加えて「2年後に社会人」を見据えた教育環境の充実に取り組んでいかなければならない。桜の聖母短期大学は，「愛と奉仕に生きる良き社会人を育成することを目的」[1]とし，入学段階から社会人としての生き方を考えながら学ぶ短大である。畑野（2015：36）は，キャリア意識は「他者理解」「社会・文化探求心」「計画実行力」「リーダーシップ・コミュニケーション力」といった「汎用的技能の獲得感に正の影響を及ぼしていた」ことを，高校生調査の結果として伝えている。教育課程編成・実施の方針（カリキュラム・ポリシー）においては，汎用的技能獲得の一環として位置づけている共通教育のキャリア開発科目群で「ビジネス社会での基本となる日本語能力，ビジネス実務の基礎，コミュニケーション力，情報の活用法などのスキルを身につけ，卒業後の進路（就職，編入等）を

---

1) https://www.sakuranoseibo.jp/policy_index/　（最終確認：2017年12月20日）

含めたライフキャリアをデザインできる力を養います」[2]と提示している。これは，単なるワークキャリアという狭義の意識で汎用的技能を捉えるのではなく，一生涯を通じたライフキャリアのなかに位置づけていることに他ならない。つまり，よき社会人として生きるために，共通教育のキャリア開発科目群でライフキャリアを明確に意識し，その学びのなかに日本語能力を位置づけている。

　本章では，2年間の学びのなかで，特に日本語能力向上への取り組みを紹介する。なお1年を区切る学期の呼び名は，前半を前期，前学期，春学期など，後半を後期，後学期，秋学期などと，大学により異なっているが，本章では前期，後期を用い，入学前から1年前期，1年後期，2年前期，2年後期と表記している。

2　取り組み内容

■ 検定試験や進路を見据え，読む力と書く力を養う

　日本語能力を育むための学習範囲は広い。漢字や語彙，文法をはじめ，レポートや小論文作成，文章要約，他者と話したり意見を聞く能力など多岐にわたる。学生は，実社会においてじつに多種・多様な考えをもつ人々，あるいは自己と異なる価値観をもつ人々と接していく。しかし，小学校時代から高校までの12年間の学びの経験から，画一的な絶対解を得ることを目標にしたり，自己と意見の合う友人関係のなかだけで他者との関係性を育み続ける学生がみうけられる。実社会で，年齢の異なる人々や文化の異なる人々との協働空間に置かれる卒業生を思い描くとき，「読む」「書く」「聞く」「話す」の能力は，自己の強み・弱みを把握したうえで，自己の置かれる状況を踏まえて他者に軸足を置く使い方が求められる。すなわちこれら四つの力は，常に自己と他者との関係性を意識しながら育んでいかなければならないと考える（図5-1）。そこで，まず図5-1の右側に示す「読み」「書き」に焦点を合わせ，2年間の取り組み内容を俯瞰する。

　入学後の1年前期は，高校から高等教育機関への学びの移行時期，あるいは2年間の短大学習の始動時期として，極めて重要な時期である。まず，入学前教育として基礎的な日本語の復習を課している。具体的には，入学予定者全員に特定非営利活動法人日本語検定委員会の日本語検定（語検，以下日本語検定と略記）4級のテキストを郵送し，入学後の1年次6月に検定試験を実施する旨を伝える。併せて一人

---

[2] https://www.sakuranoseibo.jp/concept/#seibo02　（最終確認：2017年12月20日）

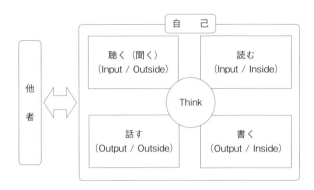

図 5-1　自己と他者の関係からみた日本語能力

表 5-1　日本語検定と日本漢字能力検定の級とレベル[3]

		1級	準1級	2級	準2級	3級	準3級	4級	準4級
日本語検定（語検）	レベル	社会人上級レベル		大学卒業レベル〜社会人中級レベル		高校卒業レベル〜社会人基礎レベル		中学校卒業レベル	
	認定得点率	80％以上	70％以上	80％以上	70％以上	70％以上	60％以上	70％以上	60％以上
日本漢字能力検定（漢検）	レベル	大学・一般程度		高校卒業・大学・一般程度	高校在学程度	中学校卒業程度	—	中学校在学程度	—
	合格基準	80％程度	80％程度	80％程度	70％程度	70％程度	70％程度	80％程度	80％程度

ひとりに受講 ID を発行して e ラーニングの学習方法も紹介し，義務教育や高校初年次で学習した内容の復習を促し，定着を図る。桜の聖母短期大学で導入している日本語検定以外にも，公益財団法人日本漢字能力検定協会の日本漢字能力検定（漢検）や文章読解・作成能力検定（文章検）などがある。表 5-1 に，日本語検定と日本漢字能力検定（漢検）の 4 級以上について整理する。表 5-1 より，同一の級であっても到達レベルが異なる点に注意が必要である。たとえば 3 級レベルでみれば，日本語検定 3 級は高校卒業レベルから社会人基礎レベルであるのに対し，日本漢字能力検定 3 級は中学校卒業程度のレベルである。大学での学習目標や受験推奨のレベ

---

[3] 公益財団法人日本漢字能力検定協会〈http://www.kanken.or.jp（最終確認：2017 年 12 月 20 日）〉，特別非営利法人日本語検定委員会〈https://www.nihongokentei.jp/（最終確認：2017 年 12 月 20 日）〉

ルとして参照いただきたい。桜の聖母短期大学における1年次6月実施の日本語検定では，日本語4級レベル以上の受験を条件としている。

　入学時には，第1章第3節で詳しく述べられている大学間教育連携推進事業として，8大学が連携して作成したプレイスメントテストを実施し，その結果を基にクラス分けを行い，6月初旬まで日本語検定の受験対策講座を実施する。前述したように日本語検定4級以上の合格を条件としているが，同一受験日に二つの級を受験できるため，2級や3級を受験する学生や，4級と3級などの二つの級を受験する学生も少なくない。4級以上であれば，受験級の選択は学生の判断に任せている。なお学生の負担を考え，一つの級の受験料を大学が負担している。日本語検定は年2回実施されるので，卒業までに計4回の受験機会がある。2級や1級合格を目標に，主体的に学習する学生も増えてきている。

　1年前期には，高校までの学びと短大での学びの違いやレポートの重要性を理解することを目的としたレポート教室を1年生全員に対して実施する。1年後期には，特に四年制大学へ編入を目指す学生や公務員試験を受験予定の学生を対象に，要約できる力と論理的文章力を養うための文章講座を実施し，学習成果を確認するために文章読解・作成能力検定を1月に実施し，カウンセリングしながら結果のフィードバックを行っている。

　桜の聖母短期大学では，科目の多くでA5サイズの「振り返りシート」を使用している。単なる感想を書くのではなく，何を学び，何に気づき，何を次へつなげるのかなど，学んだことに関して自己との対話を行い，次週への具体的な行動計画を記述するよう求めている教員も多い。回収した「振り返りシート」は担当教員が添削したりコメントを記入するなどして，次回の授業で学生に返却する。たとえば，シートに記載された文章のなかに話し言葉がある場合にはそれを指摘したり，文末が「……したいと思う」で締めくくられていた場合には，断定を避ける表現を選択した理由などを問いかけ，自己の内面と向き合うことの重要性を伝えていく。入学当初は「振り返りシート」の文章量がほんの数行だった学生も，1年次5月末頃には10分程度でA5用紙が埋まるほど書くことができるように成長する。また他者との関わりで重要な敬語表現などは，言葉の根底に流れる「他者への気持ち」を含めた言葉の本質に接することができるようにし，複数の科目で敬語演習を取り入れたグループワークも実施している。

　思考を表出するツールとして，コンテンツマップ（マインドマップ）の習得にも力を入れている。1年次4月に集中講座を実施し，複数の科目でコンテンツマップ

を使った課題作成を求めている。四年制大学への編入を目指す学生のなかにはマップを使って単語を覚えたり，イベント企画を行う学生では企画内容を考えたり，プレゼンテーションを行う学生は発表内容をマップでまとめたりなど，学生の利用が進んでいる。

1年後期の終わりには，8大学が連携して作成した到達度テストを実施し，1年間の学びを確認している。

2年前期になると，特に四年制大学への編入を目指す学生に対し，小論文の指導を本格的に開始する。課題に対して800字の小論文を書き提出する。一人の学生に対して原則2名の教員がルーブリックを用いて評価し，添削指導などを行って返却する。小論文担当教員は全教員とし，学科を横断して小論文作成指導を実践している。2年後期には，「書く」ことの集大成として，全学科必修の「特別研究」で作成した論文を提出する。以上を整理し，図5-2に示す。

次に「読む」ことについての取り組みを述べる。スマートフォンなどの普及により，手軽にニュースを閲覧することができるようになり，最近では新聞を購読しない家庭も増えてきている。この現状を踏まえ，地元新聞社から朝刊の無償提供を受け（部数は20部程度），学生に無料配布している。また地元新聞社と連携し，1年前期の必修科目のなかで新聞の読み方についても講義や演習を行っている。読書量

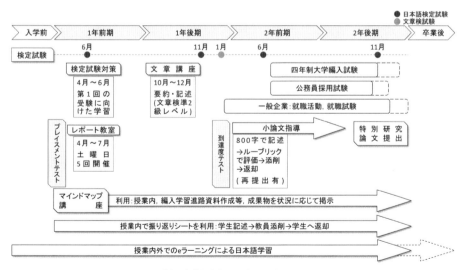

図5-2 「読む」「書く」に関する2年間の取り組み

を増やす取り組みの一例としては，本学のキャリア教養学科の，自分が面白いと思った本を5分間で紹介する「ビブリオバトル」の導入を挙げる。毎年秋に，キャリア教養学科の1年生全員と，2年生の参加希望者で実施している。主に図書館蔵書のなかから本を選び，予選と決戦を経て，チャンプ本（最も読みたくなった本）を決定する。仙台や首都圏に学生を派遣する機会も出てきた。

　図書館の選書に関していえば，学生と教職員が共同で行う取り組みがある。具体的には，司書課程を履修する学生が書店に出向き，蔵書としてふさわしいと思われる書籍を自ら選択し，教員と図書館司書で構成する選書委員会で選定のうえ，購入後館外貸し出しを行う仕組みである。今後は，スマートフォン時代を考慮し，電子書籍の導入も予定している。しかし年々学生の読書量が減少する状況においては，図書館と授業との連携がますます重要であり，工夫と改善を継続的に実施していかなければならない。

■ コミュニケーション力を高め，聴く力，話す力を養う

　同じ学舎で学ぶ学生間コミュニケーションは，気心が知れた仲間のなかでのコミュニケーションであり，仲間との対話のキャッチボールに抵抗感は少ない。しかし，実社会のコミュニケーションでは，年齢や価値観の異なる他者との対話となり，自分が話しやすい人だけに限定してコミュニケーションを行うことはできない。そこで，学業社会から実社会への移行を踏まえたコミュニケーション力を伸ばす取り組みを紹介する。なお桜の聖母短期大学では，アクティブリスニングを重視している観点から，ここでは「聞く」を「聴く」と表現する。

　まず，入学週間（入学式を含めた一週間）に行われるコミュニケーション・ワークショップでは，新入生全員が集い，共同作業をしながら同学年でのコミュニケーションに対する負荷を軽減する。授業開始後には，自己の内面とのコミュニケーションを深める授業や，普段あまり会話をしない学生同士がグループになるよう配慮する授業も増えつつある。共通教育におけるキャリア開発科目群の「ビジネス実務」では，1年前期で基礎的な言語・非言語メッセージへの対応を学ぶ。続いて1年後期には，特に共感性について相手とリラックスした雰囲気を作りながらコミュニケーションを進めるための心理的環境管理を学ぶ。さらに，相手が理解しやすい構成で話したり，相手にあわせた表現を工夫したりするなどの表現方法を調整するスキルを学ぶ。また質問の目的や種類を理解し，適切に質問を投げかけ，それに対する相手の回答を尊重して柔軟に対応できるような質問の活用も学ぶ。加えて，相

手からの質問に的確に回答したり，相手からの言語・非言語メッセージに対応できるスキルなどを学ぶ。共感性は相手の立場になって感じ取り，感じ取ったことに対して丁寧に対応できるスキルである。学生が一方的に伝えたいことを話したりする状況を変え，柔軟な気持ちで他者と対話のキャッチボールができるようになることを目指している。普段の生活も振り返りながら，「わかるつもり」を「わかる」へ，「できるつもり」を「できる」へと，学生のコミュニケーション力を一歩一歩着実に向上させる取り組みを行っている。

　年上ではあるが年齢差の近い2年生と1年生が積極的にコミュニケーションを増やす取り組みも実施している。たとえば，1年生の授業に2年生が参画し，1年生が2年生へインタビューしたり，共同で成果物を作成する機会を設けたり，1年生，2年生合同でオープンキャンパスの企画を立案したり運営したりすることも取り入れ，年齢の異なる学生との対話への抵抗感を減らしている。

　グループ発表を行う授業では，グループ内の一人だけが発表したり質問に応答したりするのではなく，グループを構成する学生全員が発表する機会や質問へ応答する機会を設けるよう設計する。一人ひとりが実施するポスターセッションは，活発なやり取りが行われると，発表役の学生も聞き役の学生もともにさまざまな気づきを得ることができる可能性は高いが，発表するのが苦手，あるいは質問するのが苦手な学生の抵抗感を減らす工夫が必要であった。この課題に対し，説明するのが苦手な学生でもポスター発表時のプレッシャーを少なくできる，質問をするのが苦手な学生でも発表者への質問を容易に行うことができる手法として，ポスターセッションの場に"co-active"な状態を作り出すことができる，Co-Active Poster Session（C.A.P.S.：キャップスと命名）を開発し（加藤・後藤, 2015），学生の対話をさらに活性化させることが可能になった。

　授業で学んだことを，実社会で働く人たちとのコミュニケーションで実践することは，インターンシップや学外実習さらには，PBL（project based learning）のなかで行っている。PBLの事例を列記すれば，福島が直面する現在の課題を地方行政に携わる方々と一緒に考えたり，企業の協力を得ながら他大学との学生交流も交えて子どもたちのためのイベントを企画・運営したり，地元企業とお弁当の開発を行ったり，乳幼児やその保護者との関わりを通して親と子への理解を深めたり，市行政の一環として行われるイベントを企画運営したりするなど，年齢や性別を越えたコミュニケーション力と実行力を高める取り組みを実施している。

　なにより重要なことは，学生のすぐ傍らにいる教職員との信頼関係に基づいた関

わりである。

3 おわりに

　短大は，教職員と学生との距離が近い。学生一人ひとりに寄り添うことができる2年間の学び舎である。ただし，限られた教員数のなかで継続して日本語学習体制を改善していくには，なによりも全教員の協働体制と学科を超えた授業連携，さらには地域との密接な連携が必要であると痛感している。加えて「教鞭をとる」という一方向の教え方ではなく，学生が主体的に学び，自ら気づき，問いかけ合うことができる授業設計とその実践が欠かせない。そのためには，教員に対し「教え方を教える」研修も必要であろう。高大接続改革が叫ばれる今，常に課題をみつけ，改善を行いながら，インストラクショナルデザインを取り入れた授業展開とその継続が求められている。

【引用・参考文献】

畑野　快（2015）.「調査分析から見た高校生の意識の構造」溝上慎一［責任編集］『どんな高校生が大学，社会で成長するのか—「学校と社会をつなぐ調査」からわかった伸びる高校生のタイプ』学事出版, p.36.

加藤竜哉・後藤　真（2015）.「アクティブ・ラーニングおける新たなポスターセッションの提案」『桜の聖母短期大学紀要』39, 25-41.

06 愛知大学の事例

中﨑温子・湯川治敏

●愛知大学の規模（2016年5月現在）	
学　　部	7学部（法学部，経済学部，経営学部，現代中国学部，国際コミュニケーション学部，文学部，地域政策学部），短期大学部
学部学生数	9,934人（短期大学部：244人）
教員数	265人
職員数	150人
キャンパス数	3（名古屋キャンパス，豊橋キャンパス，車道キャンパス）

1　愛知大学地域政策学部における本事業の位置づけ

　愛知大学は，戦前，中国上海に設立された東亜同文書院大学[1]などをベースに，1946年，中部地区唯一の旧制の法文系大学として創設された。戦後中国から引きあげてきた学生を受け入れ，かつ，誘致に奔走してくれた豊橋市の関係者の期待に応えるため，「国際的視野を持つ人材の育成」と「地域社会への貢献」を建学の精神として掲げ，今日に至っている。現在は3キャンパスに分かれ，法学部，経済学部，経営学部，現代中国学部，国際コミュニケーション学部，文学部，地域政策学部の計7学部9,934名の学部学生と，大学院，短期大学部で構成されている。教員数は265名，職員数150名である（2016年現在）。

---

1) 東亜同文書院は，日本の海外高等教育機関として最も古い歴史をもち，「一高（現東大），海軍兵学校，陸軍士官学校，東京商科大学（現一橋大学）と並んで，中学生憧れの五大校」という評価を受けていた時代もあった。今も学内の記念センターには，書院の歴史や近代中国革命家の孫文と孫文を支援した山田兄弟ゆかりの諸展示がある。

大学間連携事業の実施主体である地域政策学部は，2011年に発足した新しい学部である。1学科5コースより成り，教員数は29名，1,085名の学生が在籍している。「地域を見つめ，地域を活かす」をスローガンとし，地域貢献力をもったリーダーの育成を目指す。そのためには，データに基づいた論理的な思考による分析能力と問題解決能力，思考過程や結果をわかりやすく表現できる文章表現能力，情報活用能力やプレゼンテーション能力，さらにはさまざまな国や地域の現状を理解し，グローバルに発信できる語学力などが必要である。2012年度発足した大学間連携事業での目標は，まさにこういった能力を学生自らが身につける環境を提供することにあった。

2　入学前教育の取り組み

地域政策学部では設置初年度から推薦入試を実施し，早期入学決定者に対して入学前教育を課している。科目としては日本語，英語，数学であり，いずれの科目も高校までの復習として大学入学時までに身につけておくべき内容である。具体的には日本語は高校レベルまでの「漢字読み」「漢字書き」「語義」「四字熟語」「ことわざ・成句」「表記・文法・敬語」「短文読解」の7分野，英語は中学・高校の英文法としている。また，数学については学部の特性上，数学に苦手意識をもつ学生が多いことから中学校1年から高校2年レベルの範囲の内，大学入学後も必要と思われる単元についての問題を選定している。これらはすべてeラーニングによる実施であり，設置2年目からは大学間連携事業において整備された教材を用いている。対象である高校生はeラーニングでの学習経験がほとんどないため，対象者を1月上旬に集め，実際にPC教室を用いて実施方法を説明した後，2月下旬までの約2ヶ月の間取り組んでもらう。対象者には高校までの復習と伝えてあるが，一番の目的は早期合格から大学入学までの期間中における学習習慣の継続である。したがって，まとめて実施することのないよう，課題に実施期間を設けたり，実施状況をチェックし，進捗が思わしくない学生には実施を促すような連絡も行っている。それにもかかわらず実施しない学生は入学後にドロップアウトや学生生活への何らかの不適合となる場合が多いことが経験的にわかったため，入学後にケアが必要と思われる要注意学生の事前情報としても用いている。

3 eラーニングを活用した「反転＋協同」学習（2015年度より実施）

　大学間連携では，2013年度より，入学時にプレイスメントテストを実施し，中等教育までの日本語，数学，英語，情報の学力を測り，一人ひとりに「個票」で「気づき」を促す。その後，日本語に関してはレベル7までを1年間取り組み，2年生の春に到達度テストで成果をみる（図6-1）。

　ところが，実際には学生のモチベーションは低く，2013年度に2時間を超えて自主的にeラーニングに取り組んだ学生はわずか1名であった。2014年度は，『地域政策学部学習法2014』のテキスト内でのガイダンスの拡充や『日本語eラーニングのススメ』『日本語eラーニングの手引き』を作成して奨励した。その結果，8％の学生が「活用した」と回答したが，期待値にはほど遠い。そこで，『学習法2015』の作成にあたって，かねてよりあたためていた「反転学習」をベースとした「協同（グループ）学習」を，日本語で3回，数学SPIで2回設定することとした。

　学生には，合同授業で「反転＋協同」学習の方法を説明しイメージを描かせた。「反転授業」であるから，全員が課題範囲を予習していることが前提となる。また，1グループ4人のなかで「教師役」が毎時全員に割り当てられ，学習が個人で完結するのではなくグループ単位でも責任をもたせることとした（このことによって，動機づけの高まりも期待した）。

　学習法担当教員にも，FD会議を皮切りに教授会の場なども利用しながら，実施までのロードマップを数回伝達した。当日は学生活動の「見守り役」に徹することをお願いした。

　図6-2は，2015年入学生の1年後の到達度テストの平均値が，プレイスメントテストからの伸びも含めて，これまでの最高値を示したことを示している。2015年の「「価値の自己検証」アンケート（5段階）」には，学生の自己肯定感がよく出ている。以下，アンケート結果を基礎資料として，成果を集約する。

図6-1　eラーニングを活用した「反転＋協同」学習の実施過程（日本語）

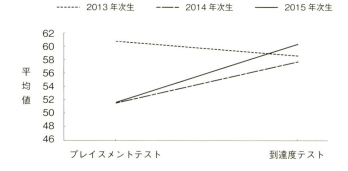

図6-2 プレイスメントテストと到達度テストの平均値

4 「反転授業」による知識の定着の成果

「価値の自己検証」の段階評価は,「5」＝充分できたと思う「4」＝おおよそできたと思う「3」＝まあまあ普通程度にできたと思う「2」＝ほとんどできなかったと思う「1」＝まったくできなかったと思う，である。表6-1の数字は,「5」と「4」を合算したものである。

項目1の63％は，2014年度の「eラーニングを活用した」の8％と比べ，格段の進歩といえる。また,「反転授業」に加え，教師役の問題作成条件に「eラーニングと同じ問題ではなく，選択肢や解説の中の語も利用して独自問題を作成しなければならない」を挙げた。もちろん，市販の問題集の丸写しであっても意味がない。そのため，教師役は正解以外の語句にも検討を加え問題作成をすることになる。生徒役も創作問題の語句にあらためて接することになる。その結果として，項目の2と3で必然的に高い成果を生むことができたと分析している。

表6-1 「価値の自己検証」（2015年度）（n=264)

1. 予習の度合いはどうか	63%（前年度8%）
2. 理解度はどうか	70%
3. 新たな知識の獲得（広がり）はどうか	82%

5 知識の統合と活用の成果（教師役活動）

それぞれのクラス（18名平均）を四つのグループに分け，各グループの四人（組）の教師役が毎時の課題範囲の4分の1ずつを事前に割り当てられ，それぞれが自作問題を前もって用意し，当日15分のグループ内学習活動を主導し次の教師役にバトンタッチするという設計である。教師役が生徒役とともに学習内容を深化させるピア活動の試みである。計60分の取り組み後，「価値の自己検証」の振り返りをさせ，「進捗度測定」も行った。

テキストでは，「活動の意義」「実施までの流れ」，さらには，参考のための「問題作成例」などをあらかじめ示している。「協同学習」のなかに教師役を設定したのは，図6-3の'Teaching Others'にヒントを得ての判断である。「働きかけの価値の自己検証」結果は表6-2のようであった。

図6-3のラーニングピラミッド[2]が示すように，「教える」ためには自らの理解を確立させなければならない。「教える」ことによって学習定着率の実効性が証明されているわけである。結果，学生は「自己と他者に対する二つの責任」を果たしていることがうかがえる。表6-2の項目6の「説明力」に関しては，1年生にとってはこれから鍛えるべき領域であろう。

図6-3 ラーニングピラミッド：National Training Laboratoriesの平均学習定着率調査（河合塾, 2011）

表6-2 「働きかけ（教師役活動）の価値」（2015年度）（n=264）

4.（問題を作成したことによって）知識の定着度はどうか	79%
5.（問題の構成の試行によって）知識の統合（これまでの知識を整理し総合的に組み立てること）度はどうか	61%
6.（メンバーの理解度への配慮のために）分かり易く説明することの責任は果たせたか	41%

---

2) このモデルを批判的に検討している松下（2011）によれば，この図の出典の詳細については不明であるが，さまざまな文献に登場している「暗黙知」を表す図式だといえよう。

6　ピア・レスポンスによる知識の外化の成果

　今回の取り組みで，お互いに教師役，生徒役となりあうピア・レスポンスの活動を体験させた。共通の教材を事前に学習し，教師役が知識の拡充をねらいとする自作問題を提供し，グループで検討や確認を重ねて，15分の持ち時間内で解答を終える。協同で課題を遂行したりうまく説明したりできれば充足感にたどり着くことができる。達成感や楽しさも得られるであろうし，活動そのものが成功したといえよう。

　表6-3のアンケート結果が示しているのは，主体性に委ねてグループ（社会）作りに参画する意義を学生が有意味に感じ取っているということであろう。事前学習も教師役の問題作成も学生の課外に任せているので，学習法担当教員の多くの反応は，「ちゃんとやれるのか」と不安視する声から始まった。しかし，授業後は「結構やれていた」「楽しそうだった」がずいぶん聞かれた。思うように成果を確認できなかった前年度までとは，様相が好転した。大島ら（2014）の「互いに学ぶということは，社会的関係（人間関係）を作っていく場作りでもあります。つまり，ピア活動による学習は，学習仲間とともに学習環境を作る行為であり，同時にそれ自体が現実場面における社会実践でもあると言うことができます」ということの体験につながったとも考えられよう。グループという小さなコミュニティで社会性（主体性・責任性）を育むことによって，「個人の理解をコミュニティに広げる」「他の意見にも耳を傾け，視野を広げる」「ともに学習環境を作る」「ともに問題解決に努力する」などの学習課題を超えての学びがそこに存在したといえるのではないか。

表6-3　「協同（グループ）活動の価値」（2015年度）（n=264）

7. 積極的に参加できたか	75%
8. メンバーとの協力ができたか	77%
9. 協同学習の良さを感じることができたか	79%

7　eラーニング教材活用における「自律学習」の結果

　eラーニングの取り組み目標のコアは「自律学習」である。自律学習とは何か。『日本語教育重要用語1000』(柳沢・石井, 1998) には，「自律学習」(autonomous learning) は学習者自身が自己の学習に主体的に関わり学習を孤立させず，教授者や教材や教育機関などといったリソースを利用して行う学習，とある。『新版日本語教育事典』(日本語教育学会, 2005) では，「(自律学習能力を) 自分で自分の学習の理由あるいは目的と内容，方法に関して選択を行い，その選択に基づいた計画を実行し，結果を評価できる能力」としている。いわば，「自律学習」とは，学びのための「学び方」，学習を主体的にコントロールする力やストラテジーの自己決定力を身につけるということである。「自律学習力」を確立することは，すなわち，自立した社会人として自己の課題に対峙できる力を備え得ることであるといえよう。

　したがって，自律学習は，学習者の内発動機に負う部分が大きい。いわゆる「自習をさせる」「宿題を課す」こととは異なる。そのため，eラーニング教材を自律学習として用いる場合は（その仕様から当然，自学自習教材としても使えるわけだが），表6-4の12の項目のように，学生個々が主体的に動いているかどうかが成果を測る尺度となる。

　「Time Management能力」に関しては，先の表6-2（☞ p.49）の「説明力」同様，学生に場数を踏ませることで手ごたえを得ることができていくであろうと思っている。難題は，最後の項目「eラーニング継続の決意＝自律学習力」であろう。想定以上の数値を出してはいるものの，理想どおりとはいかない。

　ただ，3年間の試行錯誤から，「反転授業をベースとする協同学習」の形態はおよそ最終形に近いとも考えている。図6-4は，「反転＋協同」学習を取り入れる前年の2014年（平均60.0％）と取り入れた後の2015年（平均72.7％）と2016年（平均72.0％）のグラフである。3年間の「進捗度」測定テスト25問（5分間）の結果比

表6-4　「自律学習（目的意識を明確にした主体的な学びの態度）の価値」
（2015年度）($n=264$）

10.（計画遂行のために時間を調整する）Time Management　能力はどうだったか	47％
11. 知識や教養力の弱い部分，今後の課題として学習すべき部分の自覚ができたか	72％
12. これからも意欲的にeラーニングを継続する決意に至っているか	57％

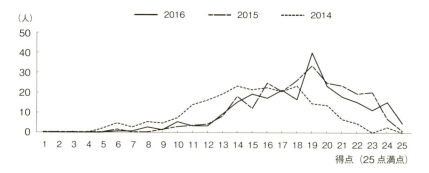

図6-4 第1回目日本語進捗度測定 得点対比（2014–2016年）

較であるが，2014年は50％以下が61名であったのが，2015年は16名，2016年は21名に減った。90％以上は，2014年3名が，2015年31名，2016年33名と増えている。

8　さらなる自律学習を推し進めるために：日本語検定（生涯学習）とのタイアップ

「反転＋協同」学習は，初年次のプログラムである。2年生，3年生になっても，eラーニングをレベル10までやり遂げるためには，自律学習能力の伸長が不可欠である。そこで，2016年に日本語検定と連携を図り，日本語検定の過去問を基に作成した360問をeラーニングのシステム上で配置することができるようになった。これによって，日本語検定がいっそう可視化され，学生にとってもさらなる高みへの挑戦，すなわち，生涯にわたって言葉やコミュニケーションを意識化し，その学習刺激（モチベーション）によって自律学習力が鍛えられるという道筋の一つが，より鮮明に提供できるようになったと考えている。360問の配置図は表6-5の通りである。

表6-5　日本語検定過去問360問の配置

漢字読み・漢字書き・四字熟語・語義・ことわざ成句	4レベルの後	8レベルの後	10レベルの後
表記・文法・敬語	6レベルの後	8レベルの後	10レベルの後
読　解		8レベルの後	10レベルの後

日本語eラーニングは，先に述べたように，1,400問を用意している（2016年12月現在）が，一つのレベル20問を全問正解した後に「確認テスト」10問の復習が待っている。したがって，かなりの累積問題数に加えての上記360問であることから，学習者は，全方位的に網羅された手ごたえのある内容を充分実感できるのではないかと思う。

9　eポートフォリオを利用した学習計画の立案とグループ内での振り返り

　eラーニングでの学習は時間と場所を選ばず個人のペースで実施できることがメリットではあるが，前述のように実施できる環境を提供するだけでは目標をもって意欲的に取り組むような学生以外はほとんど実施しない。そこで，反転授業＋協同学習の仕掛けを取り入れることでeラーニング実施率も上がり，必然的にテスト結果の向上も観察された。さらなる試行として特定のクラスにおいて，eポートフォリオを用いて学習計画を立てさせ，計画に基づく学習ができたかどうかの振り返りを記入させた。さらに四人ずつのグループ内で学習計画・振り返りをお互いに閲覧可能とし，グループメンバーにそれぞれに対するフィードバック・コメントを返すというグループワークを実施した。ただし，グループワークは授業時間内では実施せず，あくまでも自分の学習時間の一部として授業外で行わせた。その結果，eラーニングの実施状況はeポートフォリオによる振り返りを実施しないクラス（223名）では学習コンテンツ全体の25.5%の実施に対し，eポートフォリオを実施したクラス（19名）では43.9%と非常に高い実施率であった。この実施率を反映し，指定範囲における日本語テストの結果はeポートフォリオを使わないクラス平均が16.30点に対して，eポートフォリオを利用したクラスでは19.95点となり，eラーニング実施率，テスト結果とも統計的な有意差が認められた。

　さらに，他の科目においてもeポートフォリオを用いて四人あるいは五人のグループ内で学習の計画，実施などをグループ内で振り返りを行わせたところ，学習成果がプラスに働いた，本来個人で行う学習が仲間意識を感じながら楽しくできたなど，肯定的な反応がほとんどであった。本来，eポートフォリオの利用方法としてはメンターあるいは教員らが活動に対するコメントなどを書き込むことが想定されているが，学生グループ内相互のフィードバックのみによってもメンター，教員が関与するような効果が期待できると考えられる。

【引用・参考文献】

大島弥生・池田玲子・大場理恵子・加納なおみ・高橋淑郎・岩田夏穂（2014）.『ピアで学ぶ大学生の日本語表現―プロセス重視のレポート作成　第2版』ひつじ書房

河合塾［編著］（2011）.『アクティブラーニングでなぜ学生が成長するのか―経済系・工学系の全国大学調査からみえてきたこと』東信堂

日本語教育学会［編］（2005）.『日本語教育事典　新版』大修館書店

松下佳代（2011）.「「主体的な学び」の原点―学習論の視座から」杉谷祐美子［編］『リーディングス 日本の高等教育②　大学の学び―教育内容と方法』玉川大学出版部

柳沢好昭・石井恵理子［監修］（1998）.『日本語教育重要用語1000』バベル・プレス

07 北星学園大学の事例
レポート作成技能に焦点をあてた全学共通文章表現科目の取り組み

松浦年男

●北星学園大学の規模（2016年5月現在）	
学　部	大学3学部（文学部・経済学部・社会福祉学部）＋1短期大学部
学部学生数	4,301人（大学3,808人＋短期大学493人）
教員数	137人
職員数	141人（専任83人）
キャンパス数	1

1　北星学園大学「日本語表現」の概要と運営体制

　北星学園大学（以下，本学）では1970年より日本語表現関係の科目を設置している。現在の科目名は「日本語表現Ⅰ・Ⅱ」（以下，本科目）で，前期2単位，後期2単位の必修科目として展開している。本章では科目の運営内容，特色を記述し，今後の課題について検討する。なお，「日本語表現Ⅰ・Ⅱ」を主に担当している専任教員は4名いるが，本章は筆者である松浦の個人的な見解を強く出したもので，必ずしも担当者の総意ではないことに注意されたい。

■「日本語表現Ⅰ・Ⅱ」で育成する能力の内容

　タイトルにもあるとおり，「日本語表現Ⅰ・Ⅱ」ではレポート作成の基礎技能の習得を強く意識している。シラバスでも，この科目で身につけるものは「大学や実社会で必要とされる日本語運用能力の基礎」としており，レポートの作成技能は授業において中心的に扱う対象となっている。ここでいう「レポート作成の基礎技能」とは，レポート作成を（1）調べる作業，（2）考える作業，（3）書く作業という三

つのプロセスに分けたときの，それぞれのプロセスにおいて必要な能力となる。このうち（1）調べる作業には全クラスに対して大学図書館と連携して行うガイダンスがあり，前期はOPACと新聞記事検索，後期はCiNii（ただし2017年度より別のデータベースに変更）による冊子体の論文，電子ジャーナルの論文の検索を行っている。また，図表の読み取りや新聞記事などからの情報の抜き出しを行うクラスも多い。次に，（2）考える作業については，マンダラート，ブレイン・ストーミング，マッピング，5W1Hを用いた問答法などを用いている。最後に，（3）書く作業について，どのクラスでもアウトラインの作成と修正，初稿の執筆と校正を経て最終稿を提出している。校正段階で何らかの形でピア・レビューを導入している授業もある。もう少し具体的に述べると，前期はパラグラフ単位の文章，後期は複数のパラグラフからなる文章を作成できるようになることを目指している。以上の三つのプロセスに分けることによって，大学における学習に必要なスタディ・スキルを身につけさせることも念頭に置いている。

■ 期末試験（レポート）および評価方法

「日本語表現Ⅰ・Ⅱ」の期末試験はレポートの提出をもって行っている。レポートのテーマおよび資料は前期には講師から与えるのに対して，後期は自分で設定し，探すことにしている。ただし，前期において学生が自分で探した資料を足したり，反対に，後期においておおまかなトピックやキーワードを講師から与えたり，講師が資料探しを手伝うことは構わないとしている。特に前期において講師からテーマや資料を与えるのは，学生によって資料の検索能力に大きな差がみられ，その良し悪しがレポートの出来に大きく影響することを考慮してのことである。

レポートの構成は前期が「問題提起・主張・根拠・結論」を基本としているのに対して，後期は「背景・問題提起・主張・根拠・結論」といった要素を入れることにしている。前期のレポートに背景を入れていないのは，テーマが基本的に講師から与えられるため説明がほぼ不要という考えによる。また，後期は論述型のレポートのほか，調査報告や文献レビューといったものも視野に入れており，統一的な構成を設定することは事実上不可能であるため，型を指定していない。分量は統一した基準をシラバス上に明記していないが，一応の目安として前期は1,000字以上，後期は2,000字以上としている。ただし，上述したとおり後期では論述型のレポートに限っておらず，特に調査報告ならば3,000字は超えることが想像される。表7-1に2016年度前期のレポート課題の内容，種類，分量を示す。このうち種類はレポー

表7-1 レポート課題の内容，種類，分量（2016年度前期）

課題の内容	種類	分量
若手社員の離職について，企業の立場に立ってどのような対応策が提案できるか	提案型	40字×30行で3ページ以内
サマータイム導入について賛否を論じる	是非型	1,000字以上
配偶者控除を見直すべきか	是非型	1,200字以上1,600字以内
札幌市へのオリンピック招致を，今後すすめるべきか，すすめるべきではないか	是非型	1,200字以上
18歳選挙権の導入で若者の政治意識は高まると思うか，高まらないと思うか	意見提示型	800字以上
関心を持った新聞記事をもとに，テーマを絞った上で自分の考えを展開しなさい	意見提示型	1,200字以上
「イルカ漁」問題について	自由設定型	1,000字以上

トにおける論題の類型として示されたもの（成瀬，2014）を一部改訂している。なお，本章第2節の「授業資料の共有」（☞ p.59）で述べる共通教材による授業を行ったクラスでは，「若手社員の離職」に関する課題を統一的に設定しているため，講師の数と課題の数は一致していない。

成績評価は授業内での提出物（宿題などを基本とするが独自に行う中間テストも含める）と期末レポートにより行い，この二つをそれぞれ30–70％の割合にしてつけることにしている。

■「日本語表現I・II」の運営体制

「日本語表現I・II」の運営体制について述べる。2016年度の担当講師は，専任5名（ただし1名は他科目を主として担当している）と非常勤9名である。担当講師の専門分野は原則として言語学（日本語学）または日本文学で，博士課程以上の経歴となっている。本学は3学部から構成されており，2016年度のクラスは学部ごとに合計50クラス設置している。クラス数は入学予定者数と未履修者（不合格者を含む）の割合によっておおまかに配分しているが，文学部と社会福祉学部のクラスが合わせて25クラス程度，経済学部のクラスが残り25クラス程度となっている。1クラスあたりの定員は27名で，科目の登録期間内に学生が最大10クラスの希望を出し，定員を超過したクラスについて抽選を行う。学生は自分の所属学部のクラスにのみ登録できるが，最初の募集段階で登録者が定員に満たなかったクラスについては先着順で他学部の学生も受け入れている。

2 全学共通科目としての運営上の特色

「日本語表現Ⅰ・Ⅱ」では統一シラバスに到達目標や授業計画，成績評価方法を提示しているが，具体的な運用は各講師に任せている。しかし，科目としての統一性を保つためにいくつかの取り組みを行っている。

■授業報告（事後シラバス）

上述したとおり科目の具体的な運用はクラスの担当者に任せている。しかし，各クラスでどのような授業が行われているのかを全体で共有するために，毎学期末に「授業報告」の作成・提出を行っている。授業報告は（1）各回の授業内容，（2）期末課題の内容，（3）評価方法の三つによって構成されている。この授業報告は全員の提出後に簡単な編集を行い，担当者全員に配布することで，各自の授業の改善に役立てられるようになっている。

■FDとしての「授業の手引き」作成と担当講師との懇談会

「日本語表現Ⅰ・Ⅱ」では科目担当者の懇談会を毎年開催している。この懇談会は主に意見交換の場として使われていたが，単なる放談の場とせずFDとしての実質的な機能をもたせるために，2013年度より「授業の手引き」を作成，配布し説明している。この手引きには，科目の目的，成績評価方法，期末課題の形式，最終評価の注意点，レポートの評価方法，シラバスなどを盛り込んでいる。レポートの評価方法についてはルーブリックの使用を推奨し，実際に運用しているルーブリックの例も示している。

懇談会では「授業の手引き」に関する説明のほかに，授業での細かな小技（Tips）や有用なツールの紹介，デモンストレーションを行うこともある。たとえば，本学ではLMS（学習支援システム）としてMoodleを導入している。本節の「eラーニングによる基礎的な日本語力の増強」（☞次頁）に述べるように，本科目を通じてeラーニングによる日本語学習教材の使用を促していることもあって，全クラスにMoodleのクラスが設定されている。この利用を促すために，2015年度末に実施した懇談会ではMoodleの利用法として，授業情報の更新，学生への連絡，ファイル提出とフィードバック，成績データの抽出と加工（これはエクセル操作も含む）の方法を紹介した。このときの資料は一部改訂して筆者のウェブページ内に置いている（松浦, 2016）。

■ 授業資料の共有

2014年度より一部の担当講師で資料の共有を行っている。この共有資料は筆者を含めた専任講師2名が作成し，おおよそ授業の1週間前までに共有している。授業の内容は前期は「職業について考える」ことをトピックにし，論述型，報告型，提案型の三つのレポートを同じ手順で作成させている。同じ手順での作成を繰り返し行うことによってレポート作成に関わる一連の作業を習得させることを目指している。後期は学生が個々に設定したテーマについて論文や専門書を集め，3本程度に絞り込み，共通の論点での比較を行い報告するというレビュー論文の作成を行っている（松浦ほか，2016）。初年次教育でのレポート作成は論述型が多いという印象を強くもっているが，多くの学生は論理的な議論に不慣れであり，論述を行っても紋切り型の議論に終始することが多い。そのため，あえて議論を行わせず，論点の整理に集中することによって，専門教育の基盤となる日本語力の向上を目指している。なお，共有資料を使用する講師とは上述した懇談会とは別に，適宜使用したうえでの感想や授業方法に関して意見交換を行い資料の改訂を図っている。

■ eラーニングによる基礎的な日本語力の増強

上述のとおり，「日本語表現Ⅰ・Ⅱ」ではレポートの作成技能の習得に焦点を当てた教育を行っている。統一シラバスに基づく授業やFD活動などによってこれは一定の成果を上げているものと自負しているが，語彙指導に関しては時間の関係もあって授業内で行えていないクラスが多い。そのため，「大学間連携共同教育推進事業」の一環として作成したeラーニングコンテンツを用いた学習を講師に勧めている。本書第1章第2節にもあるとおり，当該コンテンツは「漢字読み」「漢字書き」「語義」「四字熟語」「ことわざ・成句」「表記・文法・敬語」「短文読解」という七つの分野から構成されている。このうちレポートの作成との関わりが深いのは「漢字読み」「漢字書き」「語義」と判断し，これらのレベル1からレベル4を前期に，レベル5からレベル7を後期に行うことを一応の目安とした。

上記連携事業の一環で入学時のテストを実施し，結果を個票の形で学生に渡し，自習コンテンツによる学習を促しているが，本当に取り組んでほしい，すなわち理解度が相対的に低い学生ほど主体的に取り組むことは期待できない。そのため担当講師には学習を成績評価に組み込むことを依頼した。その結果，2014年度のデータになるが，当時の担当講師13名中8名のクラスで何らかの形で評価に反映されることになり，学習に取り組んだ学生の割合は75.6%（886名中670名）となった。ち

なみに取り組みを促さないクラスではこの割合は3%程度まで下がる（松浦・中嶋, 2015）。

　評価への反映方法はいくつかあるが，たとえば筆者のクラスでは15回の内の1回分をeラーニングによる自宅学習にあて，指定範囲の学習完了をもって宿題の1回分としている。また，別の担当教員は授業での提出物などが不足している学生に対してeラーニングの学習をもって点数を追加している。いずれにせよ，コンテンツの学習を促すためには，取り組み結果を何らかの形で評価へ反映させることが重要であると考えている。

3　今後の課題と展望

　「日本語表現Ⅰ・Ⅱ」では期末試験としてレポートの提出を行っている。しかし，レポートの課題内容は各講師に委ねており，表7-1（☞p.57）にもあるとおり，類型という点でみたときにもクラス間で差が大きい。これはクラス間での成績評価の厳しさにもつながってくる。レポートという形式上，ある程度の偏差は仕方のないことであるし，これを揃えるためには複数名での採点など煩雑な作業が必要となる。しかし，この問題はまずは標準的なルーブリックの定着によってある程度の解決を図ることが可能であると考える。筆者が担当講師に提示しているルーブリックは以前のものについては公開しているが（松浦ほか，2016），「表題・見出し」「序論」「本論」「結論」「文献表」「全体」という6分野について15項目が設定されており，使いやすさという点では課題が残っている。この点を改善し，より簡潔なものでありかつ，評価の精度が高いルーブリックを開発，運用していくことにより，共通科目としての成績の一貫性を担保できるであろう。

　前節の「eラーニングによる基礎的な日本語力の増強」で述べたように，eラーニングによる学習については「漢字読み」「漢字書き」「語義」を行っている。これらは語彙力の増強がレポートの作成において重要であるという考えに基づいているが，これらのコンテンツに含まれる語彙は，必ずしもレポート作成を念頭に置いたものではない，ある意味で「一般的な語彙」となっている。そういった語彙を学習し身につけることは日常生活のうえでもちろん重要であるが，専門科目との接続における効果という点を考えると結論は異なってくる。専門科目の学習において必要な語彙はその分野の専門用語と論文や専門書で使われる「硬い言葉」や述語相当の語彙であろう。このうち専門分野の語彙は学科の科目において身につけるべきものであ

るが,「硬い言葉」や述語は基礎教育でも担いうる。そういった語彙の一部は大学受験用の国語語彙問題などに収録されているが，論文などを読むための語彙としてはあらためて必要な調査を行ったうえで選定する必要がある。一部にそういった取り組みもあるが（松下, 2011），学術論文や専門書に基づいたものが必要だろう。

【引用・参照文献】
成瀬尚志（2014）.「レポート評価において求められるオリジナリティと論題の設定について」『長崎外大論叢』*18*, 99-108.
松浦年男（2016）.「Moodle（v 2.9）の使い方」〈http://researchmap.jp/muj8wkkyv-29377/#_29377（最終確認：2017 年 12 月 20 日）〉
松浦年男・田村早苗・石垣佳奈子・岡田一祐・高木　維・吉村悠介（2016）.「大学初年次の文章表現教育における「レビュー論文」作成の試行」『北星学園大学文学部北星論集』*53*(2), 47-55.
松浦年男・中嶋輝明（2015）.「全学共通日本語科目における e ラーニング教材活用の試み」大学 e ラーニング協議会・8 大学連携合同 FD/SD フォーラム発表資料（2015 年 2 月 21 日，於：創価大学）.
松下達彦（2011）.「日本語を読むための語彙データベース Ver. 1.1」ウェブデータベース〈http://www17408ui.sakura.ne.jp/tatsum/database.html#vdrj（最終確認：2018 年 1 月 19 日）〉

08 創価大学の事例
レポート指導科目必修化への道のりと苦手意識克服を目指した書く力育成の取り組み

山下由美子

●創価大学の規模（2017年5月現在）	
学　部	8学部（法学部・経済学部・経営学部・文学部・教育学部・理工学部・国際教養学部・看護学部）＋短期大学
学 生 数	7,841人
教 員 数	356人（短期大学：18人）
職 員 数	311人
キャンパス数	2（八王子キャンパス・アメリカ創価大学）

1　はじめに

　創価大学では，2010年4月に「学士課程教育機構」が設置された。専門教育と教養教育を分断的に捉えてきた従来の教育課程のあり方を見直し，どの学部に所属しようとも，創価大学の学士課程に学ぶ学生として共通に達成すべき学習成果（いわゆるラーニングアウトカムズ）を保障するのが，この機構の役割である。この学士課程教育機構の設置に合わせ，機構内に，学生の文章力向上を目指し，具体的なプログラム開発を担う文章力向上ワーキンググループ（以下，WG）が組織された。その主な役目は，すでに2003年から開講されてきた共通科目「文章表現法」の必修化に向けた検討および具体的な準備である。本章では，2014年度から新規に開講された「学術文章作法Ⅰ」の必修化までの経緯を概観するとともに，学生の書くことへの苦手意識克服を目指した取り組みについて紹介する。

2 「文章表現法」の設置

　2000 年に実施した，学習支援サービスに関する学生のニーズ調査から，大学で求められるレポートや学術的文章の書き方を学びたいというニーズが極めて高いことを確認した。その結果を受け，2003 年のカリキュラム改編に際し，共通科目に「文章表現法」が設置された。2003 年度の履修者は，前期後期合わせて 11 クラス，1,272 名であった。これは，1 クラス平均 100 名以上であり，文章作成という実習作業を伴う科目としては不適切なクラス規模であった。

　そこで，2004 年度より担当者を補充するとともに，「文章表現法 a，b，c（以下，文 a，文 b，文 c）」と科目が細分化された。これにより，1 クラスあたりの履修者数はおおむね 40-60 名と多少改善された。しかしながら，文 a，文 b，文 c の解釈は担当教員により異なり，初級・中級・上級としてのレベル分けと解釈する教員もいれば，レベル差ではなく担当者の専門性を生かした文章指導を行うジャンル別として解釈した教員もいた。そのため，授業内容は各担当者に委ねられたまま統一されることなく，この状況は実質，2010 年度に WG が活動を始めるまで続いていた。

3 WG の取り組み経緯

■ 2010 年度（WG 活動 1 年目）

　2010 年度後期，文章力向上 WG が始動し，本学の文章力養成プログラムの全面的な見直しが始まった。この WG に当初期待されていたことは，大学における学習の基礎をつくる共通科目の一つとして，それまで授業内容が各担当教員に委ねられていた「文章表現法」科目を，初年次プログラムの一環として標準化することであった。そこでまず WG が取り組んだのは，それまで使用してきた国語のプレイスメントテストの適否と，授業内容の標準化をシラバスの共通化を通じて達成する方策の検討であった。その結果，これまで入学後に行われてきた国語力のプレイスメントテストは，主に語彙力を測定するスピードテストであり，文章表現法のクラス分けには適さないと判断された。

　そこで，プレイスメントテストの形式については，マークシートで実施可能な客観式テストの形をとりながら，単なる語彙テスト以上の識別力をもつテスト問題が検討されることになった。結局，「読む力」「書く力」などジャンル別の問題集を用意している業者（Z 会）が提供する問題リストから，WG のメンバーが適当な

問題を選出し，それらを検討しながらプレイスメントテストの原案を作成していった。また，この業者の問題プールにある問題を使うことで，センター模試問題との比較が可能になり，その問題の難易度をある程度類推できると考えられた。そこで，2010年後期に文章表現法のクラスで，原案に基づいて作成されたテストを実力試験として実施し，2011年度からのプレイスメントテスト問題の準備を行った。

■2011年度（WG活動2年目）
1)「文a」シラバス共通化

2011年度には，全学必修化に向けた授業担当体制の確立に向け，シラバスの共通化を図り，「文a」では共通シラバスを用いての授業が動き出した。この授業は，大学でレポートを書いたことのない初年次学生を対象に想定し，(1) 高等学校卒業までに習得すべき学習事項の再確認（復習）問題，(2) 日本語表現・表記の錬成問題，(3) レポートの書き方（書式・体裁）の基本知識の確認課題，(4) 汎用的なレポートの作成のための作成ステップを学ぶワークシートを学習課題として設定した。

また，今後の授業数の増加と持続性を考慮し，創価大学国際言語教育専攻の大学院修士課程修了者を想定とした助教制度を新設した。前期には，「文a」の授業が18コマ開講されたが，必修へ向けての第一歩ということもあり，共通シラバスを使った授業は12コマとなった。またこれらの授業では，最終レポートに教員がコメントを入れ，最終回の授業で学生に返却することを試みた。この経験から，レポート提出から返却の期間が1週間の場合，一人の教員が返却可能なレポート数は，800-1,000字程度のレポートであってもおよそ100通が上限ということが確かめられた。

さらに，「文a」の統一シラバスには，途中経過のレポートにも教員からのフィードバックを行うことを明記した。これを実践するためには，フィードバックの方法や観点のある程度のスタンダード化が重要になる。そこで観点を共有するために，レポートの不備や誤りをコードで指摘するための「レポート診断コード表」を作成・導入した。レポート採点も同様に，複数教員による採点のずれを軽減するため，共通ルーブリックを作成し，コード表同様，すり合わせを行い，担当者間での解釈が大きく異なったところは調整を行った。

2)「文b」の共通化に向けて

2011年度後期より，2012年度に向けて文bの内容とシラバスの検討を始めた。従来の「文a, b, c」をレベル別という位置づけにし，文a履修者との差異化を図る

ため，授業対象者は入学時のプレイスメントテストにおいて一定以上の点数を獲得した学生を想定した。文bでも，大学におけるレポートの書き方の基礎的内容は文aと共通とした。ただし，文aでは統一テーマでレポートを書かせるのに対し，文bでは，学生は与えられたトピックのなかからテーマを選択し，複数の資料を使い，レポートを完成することが課題とされた。これにより，学生は数種類の資料を分析・比較・統合しながらレポートを書くことが期待されることになる。

■2012年度（WG活動3年目）

2012年度より，他学部に先駆け文学部で「文章表現法」が必修化された。それに伴い，プレイスメントテストの結果に基づいて，新入生全員に「文a（下位）」もしくは「文b（上位）」いずれかのレベルを推奨し，能力別スタンダードカリキュラムの試行を開始した。

教員体制は前期8名，後期7名で授業を担当し，前期は「文a」15クラス，「文b」8クラスの計23クラス，後期は「文a」15クラス，「文b」7クラスの計22クラスが開講された。これにより，文aは全クラスで共通シラバス，文bは3名の担当者のクラスにおいて，共通シラバスでの授業が実施された。

2012年度の春期休業期間を利用して，2013年度に向けたレベルと内容の点検作業が行われた。その結果，文aでは，プレイスメントテストにおいて点数が低く，国語や作文（文章を書くこと）に対して苦手意識をもった学生を対象とすることとした。文bは，創価大学に入学した大部分の学生が履修するクラスと想定し，レポートの作成過程において必要な要約，他の知識や社会（問題）と関連づけ，自分の言葉で表現する力を培うこととした。文cは，プレイスメントテストの上位層を対象に，よりよいレポートを書くための多角的視点に気づかせることを狙いとする授業とした。また，主に文aの学生を対象にした指導法として，看図作文のワークショップを行い，その導入準備を行った。

■2013年度（WG活動4年目）

2013年度の担当教員は，計8名体制となり，文a，文b，文c（一部）において共通シラバスを用いた授業が実施された。シラバスは，プレイスメントテストの点数に応じて，文aから文c（aが下位，bが中位，cが上位）まで，3レベルのシラバスを用意し，新入生に対しポータルサイトを通じて各自の国語力に適したクラスを推奨した。

前期は共通シラバスの授業として「文a」5クラス，「文b」17クラス，「文c」7クラスの計28クラス，後期は「文a」4クラス，「文b」16クラス，「文c」7クラスの計27クラスが開講された。そのうち，新設の看護学部では「文章表現法b」が必修科目として指定された。

2013年度後期には，2014年度より初年次に必修化される文章力向上のための共通科目の名称が，「学術文章作法Ⅰ」と決定した。「学術文章作法Ⅰ」は，履修登録上，学生に対しては一律同じ科目名となる。しかし，実際にはプレイスメントテストの点数により，上位クラス（cレベル）から順に人数を振り分け，レベルごとに授業内容を分けて授業を実施することとなった。

なお，全学必修化には，1クラス30名のクラス規模を前提にすると，60クラス程度の開講が必要であった。そこで，前期は3学部（法学部，経営学部，および2013年度に必修化された看護学部の「文章表現法b」）1学科（工学部情報システム工学科），後期は3学部（文学部，経済学部，教育学部）に配当学部を調整し，各学期の開講クラス数を30名程度とした。また，特定曜日の特定コマを特定学部に割り当てることで，同一時間帯に割り当てられた学部の学生は全員が学術文章作法を履修している状況を作り，クラス間の履修者数のバラつきや履修後のコマ変更の悪弊を抑えることにした。

■2014年度（WG活動最終年度および新体制の発足）

2014年度のカリキュラム改訂を期に，レポートの書き方の基礎を学ぶ「学術文章作法Ⅰ」が必修化され，教員体制は11名となり，6学部1学科に入学した1年生を対象に，前期29クラス，後期31クラスが開講された。「学術文章作法Ⅰ」は3レベルの授業内容になるが，レベル別の到達目標のほかに，どのレベルのクラスを履修しても「学術文章作法」の設置趣旨に基づいて共通に求められる科目全体の統一目標が以下のように設定された。

①レポートに必要な情報を文献から読み取ることができる。
②レポート作成の手順を理解し，手順通りに作業を進めることができる。
③レポートに適した文章表現ができる。
④レポートの基本的ルールを理解し，守ることができる。
⑤パラグラフライティングを意識し，読み手に明確に伝わるレポートを書くことができる。

⑥推敲する習慣を身につけ，実行することができる。

　必修化までのプログラム開発を行ってきた文章力向上 WG は，必修化が実現された 2014 年度をもって解散となった。しかしながら今後，レベル別シラバスの内容検討やプレイスメントテストの見直し，また，学術文章作法 I に続いて，学術文章作法 II，III の整備や，他の共通科目とも連携して，課題を意図的に文章力向上のために組み込んでいく工夫を検討する必要も残されていた。そこで，文章力向上 WG の解散と同時に，「学術文章作法 WG」があらためて発足された。

4　初年次教育としての指導法の工夫

■ 教育手法導入の経緯

　「学術文章作法 I」を初年次教育の一環として必修化していくうえで，書くことへの苦手意識をもつ学生にも対応する必要が出てきた。ここでは，多様化する学生たちに対応できるよう，苦手意識を軽減させるために導入したさまざまな教育手法について紹介する。

　必修化以前の段階では，文 a（下位レベル）ではマインドマップと看図作文を取り入れ，特に文章を書くことに対する苦手意識の改善と，自分の意見を他者が理解できるように表現することに重きを置いた。文 b では，マインドマップと LTD（Learning Through Discussion：話し合い学習法）を取り入れ，要約文を書くこと，著者の主張と自己や社会と関連づけながらの読解力を磨くことに力を入れた。文 c（上位レベル）を履修する学生は，ある程度の文章作成力を備えた者が多数を占めるであろうと予測し，内容的にはクリティカルリーディングを重視し，多面的な視点からの論理力向上を試みた。

　必修化以降は，全レベルでマインドマップを取り入れた。また，15 回の授業のうち，前半まではレベルごとに設定した教材を用いて LTD を取り入れた。2013 年度より必修化された看護学部の「文章表現法 b」では，マインドマップ，LTD に加え，看図作文を取り入れた。

■ 導入した教育手法の紹介
1) マインドマップ

　マインドマップは，脳の力を自然な形で引き出す思考技術である（ブザン，2009）。マインドマップの中心となるセントラルイメージから放射状に広がる独特の形状は，脳の放射思考を図式化し可視化したものであるとされている。マインドマップを導入した目的は，文章を書くときのように考えを整理し順序立てておく必要がないため，書くことの苦痛を未然に防ぎ和らげる効果があるからである。そして，乱雑なアイデアや思考を俯瞰的に可視化でき，書くためのきっかけ作りがしやすくなる。また，情報の要約や文章の組み立て，レポートの構成など，マインドマップを用いることで，文章化する前に情報整理をしやすくする働きもある。

2) LTD（Learning Through Discussion：話し合い学習法）

　LTD は，学習者一人ひとりを自らの学習過程に能動的に関与させ，学習仲間との話し合いを通して，教材の理解を深めることを目的とした学習法である（安永，1999）。授業では，LTD の予習ノート作成を通して読解力・批判的思考力・要約力の育成を図り，また，話し合いを通して自己表現力・対人関係スキル・多面的思考の育成を目的としている。また，「協同の精神」で学びあう経験をすることにより，レポート作成過程を孤独で面白みのない作業と感じさせないことも，LTD を導入した目的の一つである。

3) 看図作文

　看図作文は，絵や図を読み解かせ，その内容を文章にさせていく作文指導法であり，絵図の読み解きは，学習者に「おもしろさ」を感じさせる活動である（鹿内，2003）。そこで，授業で看図作文を導入した目的として，次の二つが挙げられる。一つめは，大学生にとっても楽しみながら取り組むことができ，書くことへの苦手意識の軽減につながる方法と考えたからである。二つめは，大学生として根拠に基づいた考えや主張をしていくことの必要性を理解させ，それを文章で表現するための訓練としてである。

5　成果と今後への期待

　学術文章作法 I が必修化され，2016 年度には，従来から検討を重ねてきた学術文

章作法ⅡとⅢが選択科目として開講された。学術文章作法Ⅱは，Ⅰで養成したレポート作成の基礎技能の定着を図り，表現力を向上させることを目標とした。そのために，自由テーマで複数のレポートを書き，プレゼンテーションをしあう。学術文章作法Ⅲは，レポート課題の文章作成にとどまらず，さまざまな形で「書くこと」を日常化して身につけることを目標とした。そして，論理的思考プロセスを授業内で練習し，最終的に，自ら設定したテーマのもとに分析的な長文の学術論文を仕上げていく。このように，学術文章作法Ⅰ，Ⅱ，Ⅲへと傾斜的に文章力を向上させていけるカリキュラムが整った。

また，総合学習支援センター（SPACe）のライティングセンターの提供する，レポート診断やレポートチュータリングなどの学習支援サービスも徐々に充実し定着してきている。推敲の習慣を身につけさせるために，学術文章作法Ⅰと連携し，提出前のレポートをレポート診断に提出させた。それをきっかけに，履修後も学生たちの自主的な利用が年々増えている。

今後の課題として検討すべきことは，学士課程を通じての文章力向上に向けてのさらなる取り組みである。学術文章作法Ⅰが必修化され，ⅡとⅢも開講されたが，現在までのところ多くの学生はⅠの履修に留まっている。週1回，半期15回の授業のみで，大学生として十分な文章力が身につくわけではない。そのため，授業を通じてレポート作成の基礎を修めたうえで，さらに他の授業においてレポートを書く練習は継続される必要がある。そのための科目との連携，また，卒業論文執筆に向けての準備段階として3年次での「ジュニアペーパー」の導入も検討されはじめている。

【引用・参考文献】
鹿内信善（2003）.『やる気をひきだす看図作文の授業―創造的「読み書き」の理論と実践』春風社
ブザン, T.／近田美季子［監訳］（2009）.『マインドマップ読書術』ディスカバー・トゥエンティワン
安永 悟（1999）.「小講演9 LTDの話し合い学習法の実践」『日本教育心理学会総会発表論文集』41, 90.
関田一彦・山崎めぐみ・山下由美子（2015）.「創価大学のレポート指導科目の必修化に向けた取り組み」『学士課程教育機構研究誌』4, 23-36.

09 千歳科学技術大学の事例
共通基盤教育システムを通じた日本語教材の利用事例

山川広人

●千歳科学技術大学の規模（2017年1月現在）	
学　　部	1学部（理工学部）
学部学生数	671人
教 員 数	41人
職 員 数	49人
キャンパス数	1

1　はじめに

　Webを通じて提供されるマルチメディア教材を活用するためには，学習者が教材を使って学習を進めることができ，その取り組み経過を教員が把握できる仕組みが必要である。eラーニングにおける学習管理システム（Learning Management System。以後，LMSと記す）は，これを情報システムとして実現したものといえる。近年ではさまざまな種類や運用形態のLMSが提供されており，大学をはじめとする教育機関や教育事業者での導入も盛んである。本章では特に，大学eラーニング協議会[1]が提供しているLMSである共通基盤教育システムを活用して，学生が主体的に日本語教材を用いた学習を行える仕掛けを作り出す観点での事例を述べる。

---

1) UeLA大学eラーニング協議会〈https://www.uela.cloud/〉（最終確認：2017年12月20日）〉

2 取り組み内容

■ 共通基盤教育システム

　大学 e ラーニング協議会では，本書の第 1 章で述べられている日本語教材のほか，数学・英語・情報・SPI 対策といった分野の教材を作成し，広く共有することを目的とした事業を展開している。この教材は，国内でも高等教育機関を中心に利用されているオープンソースの LMS である Moodle[2] で利用できる。さらに，運用コストなどの問題から LMS の持続的な運用が難しい教育機関での教材利用や，正式に所属する前の入学予定者に向けた学習環境の構築といったシーンでの利用にむけて，共通基盤教育システムを提供する事業[3] も行っている。

　共通基盤教育システムは LMS の Web サービスを提供するものである。ベースとなるシステムには千歳科学技術大学が独自開発した LMS である CIST-Solomon（千歳科学技術大学, 2005）が用いられている。共通基盤教育システムを利用する教育機関には管理用ユーザーが配布され，この管理用ユーザーのもとで各々の教育機関の学習者ユーザーや教員ユーザーを追加できる。学習者ユーザーは，大学 e ラーニング協議会が提供している教材をシステム上で学習できる。教員ユーザーは，一般的な LMS と同様に，教材を使った学習者の学習経過を確認できる。ユーザー情報の管理は大学ごとの区別のなかで行われるため，各教育機関がハードウェア・ソフトウェアの準備を行うことなく利用を開始できる（山川・石田・小松川, 2016）。

　特に，本章と関わる共通基盤教育システムの特徴として，「コース機能」「主体的な学習機能」が挙げられる。これらの機能の利用フローを図 9-1 に示す。コースは，学生が教員の指示に基づいて学習する課題を模している。教員が学習期間と学習を課す教材群を指定すると，学習者への学習指示としてシステム上に登録される。学習者はこの指示にそって教材を使った学習に取り組める。教員はさらに，登録したコースごとに学習者の学習経過をピックアップして確認できる。コース機能を活用することで，学生への課外学習や，入学予定者への入学前学習をスケジューリング

---

[2] Moodle: Open-source learning platform 〈https://moodle.org/〉（最終確認：2017 年 12 月 20 日）〉
[3] 共通基盤教育システムと教材は，大学 e ラーニング協議会の加盟校が有償で利用できる。システムと教材の概要や利用方法は大学 e ラーニング協議会の「e ラーニング共通基盤推進事業」のサイト 〈https://www.uela.cloud/el-kiban/〉（最終確認：2017 年 12 月 20 日）〉を参照されたい。

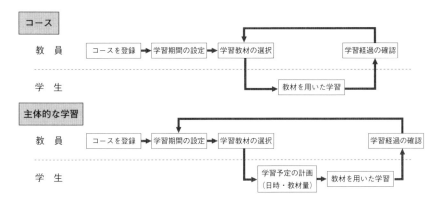

図9-1 コース機能，主体的な学習機能の利用フロー

し，その学習履歴を把握できるようになる。一方で，就職や進学といったキャリア形成の場面では，学生が自らの目標を設定し，振り返りや自己調整を図りながら主体的に学習を進めていくことも重要である。この観点にたち，共通基盤教育システムでは，主体的な学習を支援するコース機能（以後，主体的な学習機能と記す）の試行も進めている。主体的な学習機能はコース機能がベースとなっており，利用フローは大きく変わらない。異なる点は，教員が指示した期間・教材のなかで，学習者が自ら学習計画を立てて学習に取り組む点である。たとえば夏期休業といった期間を用いて，学習者は教員が指示した幅広い教材のなかから学習したい教材を選びとり，細かい学習計画（日時や教材量）をあらかじめ定めて取り組めるようになることを狙っている。

共通基盤教育システム上で学習できる教材には，数学・英語・情報・日本語・SPI対策が用意されている。日本語教材ではおよそ1,800問の演習問題が利用できる。演習問題は漢字書き・語義・四字熟語・成句・漢字読み……といった分野のなかでレベル分けがされており，パソコンやスマートフォンを用いて，一問一答形式で解き進めることができるようになっている[4]。画面例を図9-2に示す。

---

4) 本書執筆時点では，スマートフォン版は希望する機関にのみ，試験利用の形で提供されている。

図 9-2　演習問題の取り組み画面例（左：パソコン，右：スマートフォン）

■ 文系短期大学・理工系大学での利用事例

　共通基盤教育システムを通じた日本語教材の利用事例として，ある文系短期大学での事例と，理工系の 4 年制大学である千歳科学技術大学での事例を紹介する。どちらも学生に就職やキャリア形成を意識させる取り組みのなかで，日本語教材を共通教育基盤システムで展開したものである。

　ある文系短期大学では，2 年間の在学期間のなかで学生を社会に送り出すことを念頭において，学生が日本語検定の合格にむけた学習を夏休み期間に行うことを推奨している。ここでの学習手段の一つに，共通基盤教育システムの主体的な学習機能を導入し，日本語教材を利用可能にした（山川・山口・小松川，2015）。この短期大学の学生は共通基盤教育システムを使い慣れていないため，導入を次の手順で行った。

---

1. 教員が学生に，システムの利用方法や教材を紹介する（授業 1 時間分）
2. 学生が夏期休業中の学習予定を計画する
3. 学生が実際に日本語教材の学習に取り組む

　理工系大学（千歳科学技術大学）では，学生が理工系の専門領域のなかで自らの進路にむけた意識をもち，社会人として必要な基礎的学力を充実させることを主眼にキャリア教育科目を展開している（石田・山川・小松川，2016）。この科目では，入学時や進級時の基礎学力テストの結果を学生自身に参照させながら，主体的な学

表9-1 学生の学習結果（日本語教材に限ったもの）

		文系短期大学	理工系大学（1年）	理工系大学（2年）
①全体の学生数		56	151	67
②日本語教材の学習者数	（パソコンのみ）	11	90	29
	（スマートフォンのみ）	22	0	2
	（両　方）	18	4	2
	（計）	51	94	33
③総学習問題数の平均値	（パソコン）	290	286	353
	（スマートフォン）	237	117	140
④総学習時間の平均値	（パソコン）	2:38:01	1:28:02	1:37:00
	（スマートフォン）	1:18:01	0:24:02	0:19:17
⑤総学習問題数の最大値	（パソコン）	1385	1560	1751
	（スマートフォン）	1101	239	335
⑥総学習時間の最大値	（パソコン）	18:04:54	6:59:02	9:04:01
	（スマートフォン）	4:34:13	0:46:37	0:44:58
⑦総学習問題数の最小値	（パソコン）	11	10	10
	（スマートフォン）	1	18	40
⑧総学習時間の最小値	（パソコン）	0:03:42	0:02:00	0:02:06
	（スマートフォン）	0:00:18	0:02:26	0:04:08

習の重要性や各科目の社会での位置づけを説明したうえで，数学・英語・日本語の学習を主体的に行うように指示している．学習期間は10月から翌年1月までの4か月間とし，特に1年生には日本語を推奨科目として提示している．

　これらの事例において，学生が日本語教材を利用して学習した結果を表9-1に示す．ここで，総学習問題数・総学習時間は，個々の学生がたてた当初の学習計画通りに進んでいるかどうかは問わず，学習期間内に取り組まれた実績を計上している[5]．③・④をみると，学生は平均して1-2時間程度の学習時間を確保し，100-300問前後の演習問題に取り組んでいる．⑤・⑥をみると，総学習問題数が1,700問に達している学生もおり，これはシステム上で取り組める日本語教材の設問の総数にもせまる数である．②をみると，文系短期大学の学生が理工系大学の学生よりもスマートフォンを活用している．これは，文系短期大学の学生はパソコンの所持率が低いこと，理工

5）システムでは複数回，同じ演習問題を学習することができ，学習問題数は同じ演習問題を複数回学習した場合もカウントされている．また，理工系大学の事例では，日本語教材以外の分野を学習していることで，表9-1の学習結果に計上されていない学生も存在する．

系大学の学生は普段の授業課題などでもパソコンで共通基盤教育システムを利用する機会が多く，使い慣れていることに起因していると考えられる。また，学生にヒアリングを行ったところ，パソコンは集中してたくさん学習したいときに，スマートフォンは公共交通機関での移動時や，ベッドで就寝前に取り組むなど，学生が教材を学習したい時間や場所にあわせて使い分けているという事情もうかがえた。⑦・⑧をみると，少しだけ取り組んでやめてしまっている学生や，学習をまったく進めることができていない学生も存在している。学習を行おうとしても計画倒れになってしまう学生や，パソコンやスマートフォンで学習することになじめない学生の存在も考えられる。こうした学生も主体的な学習を行えるようにしていくためには，LMSで可視化される学習経過を活用し，学習につまずいている学生を早期発見したうえで，教員などからのフォローアップを行うことも重要である。

3 おわりに

本章では，大学eラーニング協議会が提供しているLMSである共通基盤教育システムの機能と日本語教材を組み合わせることで，主に学生のキャリア形成を図るシーンで主体的な学習を展開した事例を二つ紹介した。二つの事例のなかで共通している部分は，全体の半数からそれ以上の学生が日本語教材を使った主体的な学習を進められている点である。パソコンを用いた腰を据えた学習だけではなく，スマートフォンを用いた通学時間や就寝前のわずかな時間での学習も行われている。基礎的学力の充実や資格取得を前提とした主体的な学習の必要性を学生に意識させるよう配慮したうえで，時間や場所を問わずに解き進めやすい一問一答形式での演習教材や共通基盤教育システムを提供していることが，学生の学習への取り組みを促す結果につながっていると考えている。

今後は，学生の知識の修得度合いといった学習効果もより詳細に検証しながら，適応型学習の仕組みへ発展させるなど，システムの改善も見据えた試みを行っていく予定である。

【引用・参考文献】

石田雪也・山川広人・小松川浩（2016）．「eラーニングを活用したキャリア教育での主体的な学びの促進」リメディアル教育学会第1回東北支部大会，B-8.

千歳科学技術大学［編］(2005).『理数教育におけるeラーニング実践事例―中学・高校・大学での取組みと小学校における協働体験学習』ワオ出版

山川広人・石田雪也・小松川浩（2016）.「大学間連携による初年次教育プログラムの支援を狙った共通基盤システムの整備」『私立大学情報教育協会平成28年度教育改革ICT戦略大会資料』, 280-281.

山川広人・山口　潤・小松川浩（2015）.「コース学習と連係したモバイルラーニングシステムの開発―高等教育での利用検証」『教育システム情報学会研究報告』30 (4), 69-74.

10 日本語プレイスメントテストの実施方法と現状分析
実施時間と出題順が解答率と正答率に及ぼす影響

仲道雅輝・都築和宏

●愛媛大学の規模（2016年7月現在）	
学　部	7学部1特別コース（法文学部・教育学部・社会共創学部・理学部・医学部・工学部・農学部・スーパーサイエンス特別コース）
学部学生数	8,305人
教 員 数	953人（附属高等学校を含む）
職 員 数	1,304人
キャンパス数	3（城北キャンパス・樽味キャンパス・重信キャンパス）

1　はじめに

　愛媛大学では，初年次教育として，「日本語リテラシー入門」を開設している。この科目は，対面講義とeラーニングを交互に行うブレンド型授業として開講している（仲道・秋山・清水，2014）。「日本語リテラシー入門」の詳細については第2章を参照いただきたい。「日本語リテラシー入門」では，eラーニング開講の初回授業の冒頭に，学生の日本語運用能力の把握や学ぶ姿勢を確認することを目的として，プレイスメントテストを実施している（評価対象外）。筆者らは，プレイスメントテストの問題・作成および実施方法の確立を目指し，研究に取り組んできた。
　この取り組みに先立ち，筆者が取り組んだ，プレイスメントテストに関連した研究がいくつかある。仲道・瀧本ら（2013）では，問題数がそれぞれ異なる科目（科目A：100問，科目B：60問）を連続で実施し，かつ学生を科目A→科目Bの順で解くグループと，科目B→科目Aの順で解くグループの2群に分けて比較したところ，科目Aの後半の解答率（問題に解答を入力した率）や解答時間に差が認められ，過

剰な問題数が解答意欲に影響した可能性が示唆された。また，仲道・都築ら (2014) では，科目 A の問題数と解答時間を削減し，前回と同様に実施順の異なる 2 群で比較したところ，差が認められなくなった。これらの研究から，問題数や解答時間が過剰になると，プレイスメントテストの精度が低下する可能性が示唆された。

　これらを踏まえ，現状分析にあたる研究として，一つの科目のテスト内での問題別の解答率を分析し，設問分野が異なる問題の出題順序による影響を確認した。対象としたのは「日本語リテラシー入門」のプレイスメントテストで，2 年間にわたり設問分野ごと（漢字，語彙，文法・敬語，短文読解）の解答率を分析したところ，終盤に出題される短文読解の解答率がいずれの年も低いことが明らかになった。この現象は，対象学生の日本語力の特徴を表しているともいえるが，これまでの研究成果から，テストの実施方法の影響も否定できないと考えた。

　そこで，今回，より効果的・効率的なプレイスメントテスト実施方法を解明することを目的として「日本語リテラシー入門」プレイスメントテストにおいて，出題順と実施時間を工夫し，理想的な実施方法を見出すことができたので紹介する。

　この取り組みの結論として，入学直後の学生の日本語運用能力を正確に判定するためには，設問分野別の出題順は，漢字分野→語彙分野→文法・敬語分野→短文読解分野とし，問題数 75 問に対して実施時間は 30 分が妥当であることがわかった。

2　「日本語リテラシー入門」プレイスメントテスト：実施方法と現状分析

■対　象

愛媛大学の日本語リテラシー入門科目履修生（1 回生）約 1,900 名を対象とした。

■プレイスメントテストの実施方法

対面授業と e ラーニングの交互開講によるブレンド型授業の内，e ラーニング開講の初回に行った。方法は，学習支援システム（LMS/Moodle）上とし，解答には制限時間を設けた。実施場所は任意の場所とし，大学内のほか，自宅などの PC およびスマートフォンやタブレット端末からも実施できるようにした。実施は 1 名 1 回のみとした。受験期間は，次の対面授業開講までの約 1 週間とした。

　出題は 75 問で，出題順は，漢字分野→語彙分野→文法・敬語分野→短文読解分野を「正順」，短文読解分野→文法・敬語分野→語彙分野→漢字分野を「逆順」とし

表10-1 実施群と各実施者数（単位：人）

実施群	対象者数	実施者数	実施率
正順20分	514	504	98.1%
正順30分	437	434	99.3%
逆順20分	524	524	100.0%
逆順30分	457	456	99.8%
計	1,932	1,919	99.3%

た。実施時間は正順・逆順ともに20分と30分の二つを設定し，4群（表10-1）で比較した。

　授業は，学生数が多いため前半と後半（各950名程度）に分けて開講されている。前半と後半に振り分ける際には，文系・理系の偏りに配慮した。

　前半に開講される実施群は20分（正順・逆順），後半の実施群は30分（正順・逆順）で実施した。時期は，前半が2015年10月2日から10月26日，後半が2015年11月26日から12月18日までである。

　設問内容は，文部科学省大学間連携共同教育事業において，日本語ワーキンググループが独自に作成したもの（75問）を使用した。

■漢字問題の例
下線部の正しいものの番号を選んでください。
　「暫時，休憩しよう」
　　1　ぜんじ
　　2　せんじ
　　3　さんじ
　　4　とんじ
　　5　ざんじ

■語彙分野の例
（　　）に入る最も適切なものを選んでください。
（　　）事情で欠席せざるを得なかった。
　　1　しまらない
　　2　やるせない
　　3　やむことない
　　4　しょうことない
　　5　よんどころない

■文法・敬語分野の例
受身・使役表現を最も適切に使っている文を一つ選んでください。
　　1　あいつはサボり癖がついているから今日は特訓をやらさせよう。
　　2　嫌いな納豆を無理に食べさせれちゃって，気分が悪い。
　　3　こんなに美味しい料理を味わわせていただいたのは何年ぶりでしょうか。
　　4　あいつにはすっかりいっぱい食わさされたよ。

■短文読解分野の例
次の文を読んで，設問に答えてください。
　津波の恐ろしさと人々の避難の重要性を伝える物語として，[略] 五兵衛のために消火しなければならないとする村人達の（　ウ　）精神と，五兵衛との間に築かれていた [略]。
　　　（　ウ　）に入る最も適切なものを選んでください。
　　　　1　警戒的　　　2　進歩的　　　3　助け合い　　　4　保身の

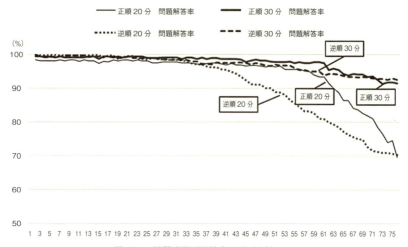

図 10-1　設問分野別解答率の群別比較

■ 分析方法

設定した 4 群に分け，設問ごとの解答率と正答率を算出した後，グラフに描出して比較した。

■ 結　果

対象者 1,932 名中 1,919 名が実施し，実施率は 99.3%であった。

1) 解答率の比較

二つの 30 分群はともに終了時に 90%以上の解答率を維持したが，一方の二つの 20 分群は 70%の解答率（図 10-1）であった。20 分群は，逆順が 40 問目あたりから低下しはじめ，正順は 60 問目あたりから低下しはじめていた。

2) 各群の設問分野別正答率の比較

正答率は，実施時間の長短では逆順の漢字分野の一部で差があるものの，分野別で顕著な差は認められなかった。出題順での比較では，全体的に正順が高い傾向があり，差が大きいところでは正順が逆順よりも約 20%高かった（図 10-2）。

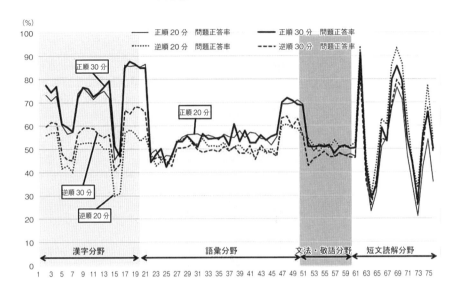

図 10-2　設問分野別正答率の群別比較

3　まとめ

　解答率の推移から，75問での実施時間は，20分よりも30分の方が妥当といえ，出題順は正順の正答率が高かったことから，学生の日本語運用能力を正確に判定するためには，75問30分で正順の出題が妥当であることがわかった。一般に，静止した文章で1秒間に読める文字数は10文字程度といわれている（日本規格協会情報通信アクセス協議会，2004）。1問当たりの文字数を平均100字として，問題を読み，出題意図を理解し解答を選ぶまでに二度読むと仮定すると，1問当たり20秒程度の時間を確保する必要がある。75問で20分の実施時間であれば1問当たり16秒となり，30分であれば24秒となる。LMSでの選択式解答であれば，それほど時間を要しないとも考えられるが，「1問当たり20秒程度」は一つの目安としては有効ではないだろうか。出題順については，1回生は，高校までの問題集に似た出題順（今回でいう正順）に慣れているため，出題順の影響を受けやすいといえる。また，LMSでの解答の特徴として，紙媒体よりも出題の全体像を一目で把握することが難しく，時間配分が難しくなることも考えられる。また，LMSの特徴でいうと，画面の見やすさを考えて余白をとることによって，画面のスクロールに時間がかかることも，実施時間に影響すると推察される。これらのことから，LMSでの出題は，

紙での出題よりも出題順序や問題数，レイアウトなどの細かい部分にも配慮が必要といえる。

今後は，ヒアリングやアンケート調査を行い，受験者の感想や認識などを含めた検証を重ねていきたい。

【引用・参考文献】

仲道雅輝・秋山英治・清水　史（2014）．「インストラクショナル・デザイン（ID／教育設計）を活用した対面授業からブレンディッドラーニングへの再設計支援」『大学教育実践ジャーナル』*12*, 47-54.

仲道雅輝・秋山英治・都築和宏（2015）．「プレイスメントテストの実施が学ぶ姿勢の形成と主体性に及ぼす影響」『日本リメディアル教育学会全国大会発表予稿集』, 150-151.

仲道雅輝・瀧本笑子・平田浩一・藤岡克則・秋山英治・庭崎　隆・山﨑哲司・田中寿郎（2013）．「プレイスメントテスト実施方法に関する一考察」『日本リメディアル教育学会第9回全国大会発表予稿集』, 6-7.

仲道雅輝・都築和宏・三神早耶・平田浩一・藤岡克則・秋山英治・庭崎　隆・山﨑哲司・田中寿郎（2014）．「学生の解答意欲を維持するプレイスメントテスト改善の試み」『日本リメディアル教育学会全国大会発表予稿集』, 138-139.

日本規格協会情報通信アクセス協議会（2004）．「JIS X 8341-3:2004（高齢者・障害者等配慮設計指針―情報通信における機器，ソフトウェア及びサービス）技術解説（ワーキングドラフト）第1.1版」（2004年7月22日版）

11 これからの初年次日本語教育

松浦年男・山下由美子

1 「まとめる力」の問題から「語彙力」の問題へ

　スタディ・スキルの育成という点を考えたとき，日本語力の育成と深い関わりをもつのは文章の作成と文章の読解の二つだろう。このうち文章の作成に関する北星学園大学の取り組みについては第7章で述べたとおりである。一方，文章の読解については第7章ではほぼ触れられていない。しかし，授業において読解を扱っていないわけではない。前期でも後期でも新聞記事や雑誌（学術雑誌，一般誌両方）を読み，その内容をメモするという課題を課している。特に後期の科目ではレビュー論文を作成するなかで，読解は中核を成す作業の一つとなっている（松浦ほか，2016）。

　授業では文献を読み，細かなキーワードを書き出し，肉づけをし，記号を活用して箇条書きの形にまとめるという方法でメモを作らせている。そのなかで気づいたことは，箇条書きで書き出すことをこちらの予想以上に苦手とし，また実際にできていない学生がそれなりにいることだった。読んだ文献の内容を箇条書きの形で整理する機会は大学入学時までほぼないという学生がほとんどであろうから，これができていなかったとしても何ら不思議なことではないのだが，それでも憂慮すべき点は残る。

　箇条書きのできない，または苦手としている学生が書いてくるメモはおおよそ二つのパターンがある。一つはほぼ文章の形に「要約」するというもので，もう一つは，論文の表現をそのままコピーしてきたものである。たとえば「実験ではクラシック音楽を1分間聴取させた後，掛け算や割り算の問題を50問解かせ，その正答率と解答にかかった時間を計測した」という文章であれば，おおよそ次のようにまと

めることを期待するのだが,苦手とする学生が書くものは先の文章そのままか,最後の「した」のみをとるというものである。

```
実験手順
  ①クラシック音楽を1分間聴取
  ②計算問題(掛け算,割り算)を50問解答
計測項目
  計算問題の正答率と解答時間
```

そもそも,このようなメモを作らせる目的として,後から読んで内容を思い出せるようにすることはもちろんだが,それと同じくらい文章の流れやキーワードをみつけやすくすることがある。そういったことを踏まえ,学生には「非常に詳しい目次を作ることを目指そう」と指示しているが,これは少なくとも伝わっていないことがわかる。また,コピーについてはもちろん面倒くさいためそれで済ませたという可能性もおおいにあるのだが,それと同じくらい,表現を具体化・抽象化によって言い換えたり,名詞化することができないことがあるようにみえる。つまり,メモが作れないことの背景に語彙力の不足が潜んでいるかもしれないのである。

本書で紹介されている大学間連携事業によるeラーニングコンテンツにも「漢字書き」「語義」「表記・文法・敬語」などの分野があり,語彙の学習が可能である。現在,このコンテンツは語の運用に関する練習問題が中心となっているが,心的辞書において語彙は他の語彙との関係性によるネットワークを作っていることを考えると,語と語の関係に注目した語彙指導の必要性は高いことは間違いない。たとえば,市販の教材には対義語に焦点を当てたものも存在するが(福嶋,2012),より抽象度の高い語彙を扱ったものが求められる。以上のことから,特に同義語や対義語といった語と語の関係に焦点を当てたコンテンツを作成することは,今後の重要な課題として挙げることができる。

2　これからの日本語教育とは

これまで日本語教育といえば,主に留学生など日本語非母語話者を対象としたものが中心であった。しかし近年,多くの大学で日本人学生向けの日本語教育の必要性が認識されるようになり,日本語力・日本語運用力を育成するための日本語科目

や文章表現系科目を開講する大学が増えている。なぜ，日本語を使いこなせる日本人が日本語を学ばなければならないのか。

　大学では，多かれ少なかれ書くことによって学びを表現することが求められ，それが評価にもつながっていく。いわゆるレポート課題である。しかし，レポート課題を出された学生は，レポートの書き方など知る由もなく，提出間際になって何とかそれらしいと思われることを書き連ねて提出することになる。教員側は，期待するようなレポートに出逢うこともないまま，アカデミックなレポートとは程遠い文章につきあわされることになる。これが体裁の問題ならば，初年次の段階でレポートの書き方を教える科目を開講することで対応できるだろう。しかし，提出された文章を読んで，大学生の学力低下が問題視されている現実を目の当たりにすることは少なくない。

　これには，読書離れといった間接的要因もあれば，小中高での国語への苦手意識から蓄積された書くことへの抵抗感などさまざまな要因が考えられるだろう。平成25年度の文化庁の「国語に関する世論調査」では，「1か月に本を1冊も読まない」と回答した16-19歳は42.7％に及んでいる。また，平成27年度のデータでは，「毎日の生活に必要な情報を何から得ているか」の質問に，16-19歳では，「テレビ」「携帯電話（スマートフォン含む）」がいずれも78.6％を占めている。これに対し，「新聞」は29.8％と低い割合である。この結果からも読み取れるように，学生たちは日頃から，本や新聞といった活字よりも，テレビやスマートフォンなどの視覚媒体から知識や情報を受容していることがわかる。

　問題は，受容媒体が紙からデジタルに変化したことに留まらない。本や新聞の場合，それが読者に届くまでに校正・校閲の過程を経ている。そのため，基本的には文章として一定のクオリティーが保たれているものである。また，本や新聞から知識や情報を得るには，ある程度腰を据え，時間をかけて取り組む必要がある。その過程で，思いがけない発見があったり，枝葉の部分を副産物として受容したりできる可能性もある。

　しかし，インターネットの普及により，誰もが発信者にもなれるようになった代償として，文章のクオリティーや信憑性の判断は受け手責任へと変わっていった。また，デジタル媒体からの受容が身近となったことにより，自分が知りたいこと，その時に必要なことだけを選んで取り入れることができる反面，その周辺領域や副産物を得る機会も減っているのではないだろうか。

　このような背景をもつ大学生に対し，もはや日本人への日本語教育は必然であり，喫緊の課題として各大学が取り組んでいくべきであるといえるだろう。

【引用・参照文献】

福嶋隆史（2012）.『ふくしま式「本当の語彙力」が身につく問題集―偏差値 20 アップは当たり前！　小学生版』大和出版

松浦年男・田村早苗・石垣佳奈子・岡田一祐・高木　維・吉村悠介（2016）.「大学初年次の文章表現教育における「レビュー論文」作成の試行」『北星学園大学文学部北星論集』53(2), 47-55.

あ と が き

　近年，大学生の日本語力・学力の低下が指摘されるようになり，大学での学びに耐え得る日本語力を育成するための，日本人学生を対象とした日本語教育が多くの大学で実施されるようになってきた。Web 上に公開されている全国の大学のシラバスを調査したところ，レポートの書き方，小論文の書き方，日本語検定など外部検定取得を目指す科目などが見受けられた。さらに，メールの書き方，手紙文の書き方，創作文，エントリーシートの書き方など多様な文章表現に加え，ビブリオバトル，プレゼンテーション，インタビューなど，話すことも含めた表現力育成を取り入れた授業も見受けられた。一言に「日本語力」といっても，身につけさせようとする力は，各大学の方針や担当教員の裁量による部分が大きく，いまだ手探り状態であることが窺える。しかし，どのような方法を用いるにしろ，共通していえることは，その土台となる日本語力が問われることである。

　平成 24 年度に採択されスタートした 8 大学間連携共同教育推進事業の日本語 WG は，日本語教育学や日本語学を専門とするメンバーのみならず，スポーツ工学，教授システム学など多様な経歴をもつメンバーで構成されていた。それぞれ担当する科目は異なっても，授業での振り返りやレポート課題などを通して，学生の日本語力・日本語運用能力の現状に直面している共通点があった。

　日本語 WG での最初の作業は，もともと愛知大学と千歳科学技術大学で開発されていた日本語 e ラーニングのコンテンツを整備するところから始まった。コンテンツの見直し作業，プレイスメントテストおよび到達度テストの作成，各大学での試行，結果の分析・再検討と，年に 3-4 回のペースで WG を開催し，検討および作業を重ねてきた。事業開始当初こそ各 WG で分かれていたが，次第にその枠も緩やかなものとなり，学生の日本語力に対して問題意識をもつ教員がだんだんと加わるようになった。そうして，より多様なメンバーでの建設的な意見交換ができたことも，本事業における日本語 WG の大きな成果であるということができる。大学での学びに耐え得る日本語力を学生自身に客観的に意識させ身につけていけるように，8 大学それぞれの取り組みの一環として，日本語教材やテストを導入してきたことは本書で紹介したとおりである。

　本事業は，2016（平成 28 年）度末をもって 5 年間の事業を終えた。しかしながら，少なくとも今後 5 年間は自主的に事業を継続しながら，大学生の日本語力育成に向

けた協力体制が取られていくことが確認された。日本語力は一朝一夕に身につけられるものではない。母語として日本語を使いこなす日本人学生への日本語教育という枠組みで捉えたとき，日本語で何を学ぶのか，またキャリア支援や卒業後を見据えた日本語力とはどのようなものか，本書で紹介した8大学の取り組みをさまざまな事例として参照していただきたい。また，『大学生のための日本語問題集』と併せて利用していただくことで，大学生の日本語力・日本語運用能力向上に役立つことができれば幸いである。

編者一同

事項索引

A-Z

Co-Active Poster Session（C.A.P.S.：キャップス） 43
e ポートフォリオ 53
e ラーニング 4, 30, 46
FD 58
ICT 化 1
LMS（Learning Management System：学習管理システム） 2, 30, 58, 71, 80
LTD（Learning Through Discussion：話し合い学習法） 68, 69
Moodle 30, 33, 58, 72, 80
PBL（Project Based Learning） 43
WG（ワーキング・グループ） 3

五十音

アクティブリスニング 42

学士力 2, 29
看図作文 69
共通基盤教育システム 71
協同学習 49
コンテンツマップ 40

授業報告 58
主体的な学習機能 73
初年次教育 8, 22
自律学習 51
自律学習能力 52
スタディ・スキル 56, 85
スチューデントアシスタント（SA） 16

大学 e ラーニング協議会 i
大学間連携共同教育推進事業 2
大学のユニバーサル化 7
出会い（インプット） 2
ティーチングアシスタント（TA） 16
到達度テスト 31, 41

日本語 e ラーニング 3
日本語リテラシー 26
日本語リテラシー教育 13

反転授業 47
ピア活動 49
ピア・レスポンス 50
ピア・レビュー 56
ビブリオバトル 42
表出（アウトプット） 2
不読率 1
振り返りシート 40
プレイスメントテスト 7, 23, 40, 47, 64, 79

マインドマップ 68, 69
メディア授業 14

ユニバーサル化 8

ライフキャリア 38
リベラルアーツ 21

人名索引

あ行

秋山英治　*15, 19, 79*

石井恵理子　*51*
石田雪也　*72, 74*
猪原敬介　*27*

江藤武人　*21*

大島弥生　*50*
大村　智　*22*
小野　博　*29*

か行

加藤竜哉　*43*

後藤　真　*43*
小松川浩　*72, 74*

さ行

坂美奈子　*34*
作道好男　*21*
佐藤眞久　*24*

鹿内信善　*69*
清水　史　*15, 79*

孫　文　*45*

た行

瀧本笑子　*79*

都築和宏　*80*

な行

長家智子　*34*
中嶋輝明　*60*
仲道雅輝　*15, 19, 79, 80*
成瀬尚志　*57*

は行

畑野　快　*37*
馬場眞知子　*30*

久家淳子　*34*
日永龍彦　*28*

福嶋隆史　*86*
ブザン, T.　*69*

ま行

松浦年男　*55, 58-60, 85*
松下達彦　*61*

三森ゆりか　*26*

や行

安永　悟　*69*
柳沢好昭　*51*
山川広人　*72, 74*
山口　潤　*74*
山田兄弟　*45*

■ 執筆者紹介（50音順 * は編者）

加藤竜哉（かとう たつや）
桜の聖母短期大学教授

小松川 浩* （こまつがわ ひろし）
千歳科学技術大学理工学部教授

都築和宏（つづき かづひろ）
愛媛大学教育・学生支援機構研究員

中﨑温子（なかざき あつこ）
愛知大学名誉教授

仲道雅輝* （なかみち まさき）
愛媛大学総合情報メディアセンター教育デザイン室長 兼 教育・学生支援機構教育企画室講師

仲本康一郎（なかもと こういちろう）
山梨大学教養教育センター准教授

早瀬郁子（はやせ いくこ）
佐賀大学全学教育機構非常勤講師

穂屋下 茂（ほやした しげる）
佐賀大学特任教授・名誉教授

松浦年男（まつうら としお）
北星学園大学文学部共通部門准教授

山川広人（やまかわ ひろと）
千歳科学技術大学助教

山下由美子* （やました ゆみこ）
創価大学学士課程教育機構講師

湯川治敏* （ゆかわ はるとし）
愛知大学地域政策学部教授

愛媛大学日本語リテラシー入門チーム会

協力
大学eラーニング協議会
日本リメディアル教育学会

大学初年次における日本語教育の実践
大学における学習支援への挑戦 3

2018 年 3 月 30 日　初版第 1 刷発行

編　者　仲道雅輝
　　　　山下由美子
　　　　湯川治敏
　　　　小松川 浩
発行者　中西　良
発行所　株式会社ナカニシヤ出版
〒606-8161　京都市左京区一乗寺木ノ本町 15 番地
　　　　　　Telephone　075-723-0111
　　　　　　Facsimile 　075-723-0095
　　　Website　http://www.nakanishiya.co.jp/
　　　Email　　iihon-ippai@nakanishiya.co.jp
　　　　　　　郵便振替　01030-0-13128

印刷・製本＝ファインワークス／装幀＝白沢　正
Copyright © 2018 by M. Nakamichi, Y. Yamashita, H. Yukawa, &
　　　　　　H. Komatsugawa
Printed in Japan.
ISBN978-4-7795-1250-6

本書のコピー、スキャン、デジタル化等の無断複製は著作権法上の例外を除き禁じられています。本書を代行業者等の第三者に依頼してスキャンやデジタル化することはたとえ個人や家庭内での利用であっても著作権法上認められていません。

ナカニシヤ出版・書籍のご案内　表示の価格は本体価格です。

大学生のための日本語問題集

山下由美子・中﨑温子・仲道雅輝・湯川治敏・小松川浩［編］初年次教育をはじめ，リメディアル教育，入学前教育など幅広いレベルに対応したオンラインでも学べる日本語問題集。　　　　　　　　　　　　　　　　　　　　　　　　　1800 円＋税

大学における e ラーニング活用実践集

大学における学習支援への挑戦 2　大学 e ラーニング協議会・日本リメディアル教育学会［監修］大学教育現場での ICT を活用した教育実践と教育方法，教育効果の評価についての知見をまとめ様々なノウハウを徹底的に紹介する。　　　　3400 円＋税

大学における学習支援への挑戦

リメディアル教育の現状と課題　日本リメディアル教育学会［監修］500 以上の大学・短大などから得たアンケートを踏まえ，教育の質の確保と向上を目指す日本の大学教育の最前線 60 事例を紹介！　　　　　　　　　　　　　　　　　　2800 円＋税

学士力を支える学習支援の方法論

谷川　裕稔［代表編者］高等教育機関における「学習支援」の枠組みを明確に提示し，学生の質保証という難題に立ち向かうさまざまな工夫と実践を網羅する。　3600 円＋税

大学における海外体験学習への挑戦

子島　進・藤原孝章［編］様々なプログラムを記述・分析する「事例編」と学習を総合的に検討する「マネージメントと評価編」を通しよりよい実践をめざす。2800 円＋税

反「大学改革」論

若手からの問題提起　藤本夕衣・古川雄嗣・渡邉浩一［編］これから大学はどうなっていくのだろうか。今後の大学を担う若手たちが，現状の批判的検討を通じて，より望ましい方向性を模索する。　　　　　　　　　　　　　　　　　　　2400 円＋税

アクティブラーニング型授業としての反転授業［理論編］

森　朋子・溝上慎一［編］日本の大学で行われている反転授業の取組を調査し，アクティブラーニング型授業の発展型の一つとして位置づけるための理論を探る。　2600 円＋税

アクティブラーニング型授業としての反転授業［実践編］

森　朋子・溝上慎一［編］現在行われている反転授業の取組を調査するなかから，文理を問わず多様な分野の多彩な実践事例を厳選して集約した実践編。　2600 円＋税

ライト・アクティブラーニングのすすめ
橋本　勝［編］現実に立脚し，教員・学生・職員・市民がそれぞれの目線から「肩の力を抜く」必要性を説く「もう一つのアクティブラーニング論」。　2200円＋税

大学生の主体的学びを促すカリキュラム・デザイン
アクティブ・ラーニングの組織的展開にむけて　日本高等教育開発協会・ベネッセ教育総合研究所［編］全国の国立・公立・私立大学の学科長へのアンケート調査と多様なケーススタディから見えてきたカリキュラム改定の方向性とは何か。　2400円＋税

課題解決型授業への挑戦
プロジェクト・ベースト・ラーニングの実践と評価　後藤文彦［監］伊吹勇亮・木原麻子［編著］キャリア教育として長年実施され，高評価を得ている三年一貫授業の事例を包括的に紹介し，日本における課題解決型授業の可能性を拓く。　3600円＋税

大学におけるアクティブ・ラーニングの現在
学生主体型授業実践集　小田隆治［編］日本の大学で行われているアクティブ・ラーニングの多様性と豊かさを伝えるとともに，その導入のヒントとなる実践事例集。
2800円＋税

かかわりを拓くアクティブ・ラーニング
共生への基盤づくりに向けて　山地弘起［編］アクティブラーニングを縦横に活用した大学授業を取り上げ，メッセージ・テキスト，学習の意義，実践事例，授業化のヒントを紹介。　2500円＋税

アメリカの大学に学ぶ学習支援の手引き
日本の大学にどう活かすのか　谷川裕稔［編］現在，定着しつつある様々な教育支援プログラムは，いかなる経緯でアメリカの大学に生み出されたのか。それをどう活かすべきなのか。　2400円＋税

教養教育の再生
林　哲介［著］教育答申や財界の意見等を批判的に読み解きながら教養教育の変容をふりかえり，何が欠落してきたか，あるべき姿とは何かを提言する。　2400円＋税

テストは何を測るのか
項目反応理論の考え方　光永悠彦［著］そのテスト，大丈夫？　PISAなどに用いられている公平なテストのための理論（＝項目反応理論）とその実施法をわかりやすく解説。
3500円＋税

大学1年生からのコミュニケーション入門
中野美香［著］充実した議論へと誘うテキストとグループワークを通じてコミュニケーション能力を磨く。高校生，大学生，社会人向けテキスト。　　　1900円＋税

大学生からのプレゼンテーション入門
中野美香［著］書き込みシートを使って，現代社会では欠かせないプレゼン能力とプレゼンのマネジメント能力をみがき，段階的にスキルを発展！　　　1900円＋税

話し合いトレーニング
伝える力・聴く力・問う力を育てる自律型対話入門　大塚裕子・森本郁代［編］様々な大学での授業実践から生まれた，コミュニケーション能力を総合的に発揮する話し合いのトレーニングをワークテキスト化！　　　1900円＋税

ピアチューター・トレーニング
学生による学生の支援へ　谷川裕稔・石毛　弓［編］大学で学生同士の学びが進むには？　学生の学習を支援する学生＝「ピアチューター」養成のための決定版ワークブック！　　　2200円＋税

コミュニケーション実践トレーニング
杉原　桂・野呂幾久子・橋本ゆかり［著］信頼関係を築く，見方を変えてみる，多様な価値観を考える──ケアや対人援助などに活かせる基本トレーニング。　　　1900円＋税

授業に生かすマインドマップ
アクティブラーニングを深めるパワフルツール　関田一彦・山﨑めぐみ・上田誠司［著］アクティブラーニングを支援し，よりよい学びを深めるために，様々な場面で生かせるマインドマップ活用法を分かり易く丁寧に紹介。　　　2100円＋税

自己発見と大学生活
初年次教養教育のためのワークブック　松尾智晶［監修・著］中沢正江［著］アカデミックスキルの修得を意識しながら，「自分の方針」を表現し合い，問いかけ，楽しみつつ学ぶ機会を提供する初年次テキスト。　　　1500円＋税

大学生活を楽しむ護心術
初年次教育ガイドブック　宇田　光［著］簡単に騙されない大学生になるために！　クリティカルシンキングをみがきながらアカデミックリテラシーを身につけよう。1600円＋税

3訂 大学 学びのことはじめ
初年次セミナーワークブック　佐藤智明・矢島　彰・山本明志［編］高大接続の初年次教育に最適なベストセラーワークブックをリフレッシュ。全ページミシン目入りで書込み，切り取り，提出が簡単！　　　　　　　　　　　　　　　　　1900円＋税

実践 日本語表現
短大生・大学１年生のためのハンドブック　松浦照子［編］聴く・書く・調べる・読む・発表するなどアカデミックスキルの基礎と就職活動への備えを一冊に。教育実践現場で磨かれた実践テキスト。　　　　　　　　　　　　　　　　　　　2000円＋税

大学１年生のための日本語技法
長尾佳代子・村上昌孝［編］引用を使いこなし，論理的に書く。徹底した反復練習を通し，学生として身につけるべき日本語作文の基礎をみがく初年次科目テキスト。
　　　　　　　　　　　　　　　　　　　　　　　　　　　　　　1700円＋税

学生のための学び入門
ヒト・テクストとの対話からはじめよう　牧　恵子［著］「何かな？」という好奇心からスタートしましょう。好奇心に導かれた「対話」から，訪れる気づきを「書く」力をみがきます。　　　　　　　　　　　　　　　　　　　　　　　　1800円＋税

理工系学生のための大学入門
アカデミック・リテラシーを学ぼう！　金田　徹・長谷川裕一［編］キャンパスライフをエンジョイする大学生の 心得を身につけライティングやプレゼンテーションなどのリテラシーをみがこう！　　　　　　　　　　　　　　　　　1800円＋税

自立へのキャリアデザイン
地域で働く人になりたいみなさんへ　旦まゆみ［著］なぜ働くのか，ワーク・ライフ・バランス，労働法，ダイバーシティ等，グローバルに考えながら地域で働きたい人のための最新テキスト。　　　　　　　　　　　　　　　　　　　　　1800円＋税

キャリア・プランニング
大学初年次からのキャリアワークブック　石上浩美・中島由佳［編著］学びの心構え，アカデミック・スキルズはもちろんキャリア教育も重視したアクティブな学びのための初年次から使えるワークブック。　　　　　　　　　　　　　　　　　　1900円＋税